KB185123

나이?
유쾌한 반란

나이? 유쾌한 반란

펴낸날 2024년 11월 20일 1판 1쇄

지은이 와다 히데키
옮긴이 김소영
펴낸이 이종일
표지그림 현애정
디자인 바이텍스트

펴낸곳 지니의서재
출판등록 1978년 5월 15일(제13-19호)
주소 경기도 고양시 덕양구 청초로 66 덕은리버워크지산 B동 2007호~2009호
전화 (02)719-1424
팩스 (02)719-1404
이메일 genie3261@naver.com

ISBN 979-11-988819-4-6 (03320)

와다 히데키 지음
김소영 옮김

나이?
유쾌한 반란

**아침마다
두근두근 설레는
당신의 노년을 위해**

지니의서재

마음이 늙지 않는
삶의 방식

나이가 들면서 꿈이나 희망이 점점 바뀌어 갑니다.

젊었을 때는 훌륭한 사람이 되어야지, 돈 많이 벌어야지, 인기 있는 사람이 돼야지…. 뭐, 이런저런 욕망이 있었습니다. 그런데 나이가 들면 그런 욕망은 점점 빛을 잃고, 그 대신 매사에 '~하기 싫다'라는 욕망이 강해지더군요. 아프기 싫다, 치매 걸리기 싫다, 드러눕기 싫다, 뒷방 늙은이가 되기 싫다…. 그런 것들이 마음을 지배했지요.

고령자 전문 의사로 있다 보니 많은 사람이 제 앞에서 아프기 싫다는 바람을 내비칩니다. 하지만 그게 매우 어려운 일이라는 걸 누구보다 잘 압니다. 건강 검진에서 정상이 나오도록 관리해야 하는데 갑자기 암이 덮치기도 하지요. 치매에 걸리지 않기도 어려운 일입니다.

직업상 매년 100명 정도 되는 분의 검사 결과를 듣고 살펴봅니다. 85세가 지나면 뇌에 알츠하이머형 변성이 일어나지 않는 사람이 없다는 사실을 실감하지요.

치매 예방을 위해 튼튼한 다리로 많이 걷고 뇌를 쓰려는 노력이 효과 있지만, 시기를 늦출 수는 있어도 아예 막기란 생각보다 어렵습니다. 유일하게 늙지 않도록 예방할 수 있는 건 마음뿐입니다.

오랫동안 많은 고령자를 관찰하면서 느낀 점입니다. 나이에 비해 외모도 젊고 몸과 머리 모두 정정한데 생각이 늙은 분들이 꽤 있습니다.

물론 이 부분에는 개인차가 크게 나타납니다. 나이가 들면 얼굴에 주름이 늘고 등도 구부정해지고 뇌 기능이 떨어집니다. 하지만 늙는다는 건 그런 기능적인 게 아닙니다. 장담컨대 외모나 체력은 늙어도 마음이 늙지 않으면 젊게 살 수 있습니다. 그래서 사실 나이라는 건 의외로 별 소용이 없습니다.

어느 노년의 의학자가 그랬습니다. 노인을 '65세 이상'이라는 나이로 규정짓는 게 아니라 '상위 10%'라는 식으로 구분 짓는 게 맞지 않느냐는 이야기였어요. 90%나 되는 사람이 자신보다 젊으면 본인을 노인이라고 느껴도 이상하지 않잖아요. 작년 경로의 날 발표에 따르면 일본인 중 9.9%가 80세 이상이라고 합니다. 이렇게 본다면 80세 이상이 노인인 셈이겠지요.

의학적으로 보면 보행 기능이 쇠퇴하거나 인지 기능이 떨어졌을 때 노인으로 분류합니다. 그런 변화가 나타나지 않으면 중장년이 계속 이어진다는 것이지요.

영양 상태가 좋아지고 의료가 발달하면서 개인차는 커도 건강한 고령자가 늘고 있습니다. 나이가 들어도 노인이라고 할 수 없는 사람들이 늘어나고 있다는 뜻이지요.

'나는 아직 젊다, 적어도 나는 노인이 아니야.'라는 마음가짐으로 살면 정말 젊어지는 기분이 듭니다. 태도와 생각이 젊으면 젊게 살 수 있습니다.

현대는 IT나 AI가 세상을 편리하게 만들어 주고 있으니 훨씬 그 가능성이 커진 것 아닐까요?

이 책에는 '마음이 늙지 않는 자세', '마음의 젊음을 유지하는 방법'에 대해 제 생각을 담았습니다. 마음의 젊음을 유지하고 싶은 (그런 생각을 하는 것만으로도 이미 마음이 젊은 거지만) 분들에게 조금이나마 도움 되길 기대해 봅니다.

차례

노화를 못 박아 버리는 나이의 주박

실제 나이? 의미 없다

1장

'마음의 노화'란 무엇인가

 마음은 신체보다 빨리 늙기 시작한다

4장 꼰대의 정체

5장 늙은 고독에는 불행만 있을까

6장 ## 해 보고 싶은 일은 아직도 많다

 7장 ## 나를 자유롭게 만들어 주는 삶을 택해라

해맑게 나이 드는 비결

노화를
못 박아 버리는
나이의 주박

세월의 흐름에 따라 '나이'를 먹는다. 거부할 수 없다.
나이에 따라 나잇값이라는 것도 따라붙어 우리 행동과 자유를 구속한다.
그러나 나이의 척도는 해마다 더해지는 숫자에 있지 않다.
중요한 건 '마음'이다.
이 마음에 따라 나이는 고무줄처럼 탄력이 생긴다.

마음의 자유를
빼앗기는 순간

신문의 인생 상담 코너에 어떤 여성이 사연을 보냈다.

"좋은 감정으로 만나는 남자분이 있는데 제 나이를 알면 도망 갈까 봐 겁이 나요."

나이를 숨겨야 할지 앞으로 어떻게 사귀면 좋을지 묻는 고민 상담이었다.

이에 상담자 나카조노 미호 씨의 답변은 명쾌했다.

"도망가면 만나지 마세요."

사람을 나이로 판단하는 남자 중에 변변한 남자는 없으니 그런 남자라는 걸 알았다면 당장 헤어지라는 조언이다.

사귀는 여자의 나이를 신경 쓰는 남자는 상대의 젊음을 순순히 인정하려 들지 않는다. 젊어 보인다는 건 사실 매우 좋은 일이다.

실제 나이보다 젊어 보이는 사람을 마주했을 때, '아아, 이 사람은 나이가 느껴지지 않을 정도로 젊구나.'라며 호감을 느끼는 일은 지극히 자연스러운 현상이다.

그런데 '30대 초반인 줄 알았더니 거의 40이잖아.'라며 마음의 흐름을 닫아 버리는 것은 아무리 생각해도 부자연스럽다.

요즘 시대에 실제 나이만큼 겉모습에서 실감이 나지 않는 것도 없으니 말이다.

누구나 자신의 나이를 안다. 하지만 평소에 나이를 의식하는 일은 거의 없다. 새해가 밝거나 생일을 맞이했을 때 '아아, ○○살이 됐구나.'라고 실감하는 정도 아닐까?

고령자를 예로 들어보자.

한 사람은 '언제 이렇게 나이를 먹었지.'라며 자신의 실제 나이를 의식하며 살고, 한 사람은 나이를 잊고 좋아하는 일이나 하고 싶은 일에 푹 빠져서 산다. 누가 더 매일 즐겁고 활기차게 살고 있을까? 굳이 묻지 않아도 알 것이다.

나이를 의식한다는 것은 실감이 나지 않는 사실을 굳이 꺼내 거기에 자신을 맞춰 생활하는 것이나 마찬가지다. 당연히 삶은 매우 빡빡해진다.

그렇게 부자연스러운 삶을 사는 이유는 스스로 족쇄를 채우려고 하기 때문 아닐까? 자유를 속박하는 쇠고랑이나 족쇄를 마음에도 채워야 안심이 되는 것이다.

나이란 아주 손쉬운 족쇄다. '일흔다섯이나 먹어서…', '여든이 넘은 나이에 무슨…'이라는 말은 온갖 관심이나 소망을 닫아 버릴 수 있다. 마음의 자유를 빼앗으려는 수상한 '주술'인 셈이다. 그런 건 왜 생겨날까? 그때 문득 떠오른 것이 '나이의 주박呪縛'이라는 말이다.

마음이 나이를 먹으면
몸도 빨리 늙는다

왠지 진부하게 느껴지는 '주박'이라는 말은 '주술을 걸어 마음의 자유를 빼앗는 것'을 뜻한다. 조금 더 구체적으로 설명하면 '심리적으로 강요하여 개인의 자유를 속박하는 것'이다. 원래는 타인이나 사회가 개인의 자유를 속박하는 것을 말한다. 예를 들어 코로나 사회에서 마스크를 착용하거나 이동을 자숙하도록 한 것이 바로 주박이다.

그때는 결과적으로 주위에서 강요하지 않아도 스스로 마스크를 착용하고 이동을 자제하기에 이르렀다. 그런데 지금은 어떤가? 사회의 주박이 풀렸는데도 사람이 많은 곳이나 약간의 감기 기운에도 스스로 다시 옥죄기도 한다. 자승자박하는 꼴의 엔딩이다.

나이도 마찬가지로 종종 자신에게 주술을 건다. 자꾸만 나이를 꺼내 '먹을 만큼 먹었잖아.'라고 철석같이 믿으며 마음의 자유를 빼앗긴다.

앞서 말한 사귀는 여성의 나이를 듣고 도망가는 남자도 그런 예 중 하나다. 호감을 느끼던 여성의 나이를 알자마자 마음의 문을 닫아 버리는 것이 주박이 아니고 무엇이겠는가.

그것은 자신을 향할 때도 마찬가지다.

'여든이나 먹어서 투정 부리면 안 돼.', '음식은 검소하게, 옷도 수수한 색으로 골라 입어야지.'라며 진짜 원하는 것을 점점 가둬 버린다.

혹은 매사에 신중해지기도 하고 '내 나이가 몇인데.'라며 브레이크를 건다. 그로 인해 마음의 자유에 이어 행동의 자유까지 점점 빼앗기게 된다.

그 결과는 무엇일까?

나이 들었다는 사실이 점점 고착된다. 실제 나이대로 고령자가 되는 것이다. 실제 나이에 맞는 생활 스타일을 직접 골랐으니 스스로 초래한 일이다.

젊고 발랄한 외모도 사라진다. 무엇보다 일상생활의 즐거움이 사라지기에 기껏 준비해 둔 인생 종반의 자유 시간이 갑갑해질 수밖에 없다.

나는 이런 상태를 '마음의 노화'라고 생각한다.

하지만 본인은 알아차리지 못한다.

마음이란 애초에 애매하고 막연한 세계이기에 노화를 깨닫지 못하는 경우가 많다.

몸의 노화는 모를 수 없다. 체력이 눈에 띄게 쇠퇴하거나 능력이 떨어졌을 때 스스로 깨닫고 인정할 수밖에 없다. 몸의 감각을 통해 '아아, 나도 이제 나이가 들었구나.'라고 실감하는 것이다.

그렇게 몸의 감각을 통해 노화를 자각하고 실감하면 마음의 브레이크를 거는 일이 종종 발생한다. '무리하면 안 되겠다.'라거나 '나이에 맞게 살아야지.'라는 강력한 제동이다.

그런데 똑같이 신체가 노화하더라도 마음의 노화가 시작한 사람과 아직 마음이 젊은 사람은 나이를 받아들이는 자세가 다르다. '조용히 살아야지 어쩌겠어.'라고 생각하는 사람이 있는가 하면, '조금이라도 젊을 때 즐겨야지.'라고 생각하는 사람도 있다. 음식도 '검소하게 먹어야지.'라고 생각하는 사람이 있는가 하면, '먹고 싶은 걸 먹어야지.'라고 생각하는 사람도 있다.

그렇기에 몸은 똑같이 노화하더라도 마음이 젊은 사람은 여러 가지 일에 도전할 수 있다. 그리고 결과적으로 몸의 노화도 막을 수 있게 된다.

마음의 노화는
겉으로 나타난다

우리는 누구나 노화를 피할 수 없다는 사실을 안다.

그와 동시에 노화에도 개인차가 크다는 사실에도 공감한다.

누구나 뼈저리게 실감하는 사실이니 인정하지 않을 수 없다.

'저 사람은 어떻게 저처럼 젊을까?'

'우리 동갑 맞아? 외모가 이렇게 다를 수가 있는 거야?'

'친구인데 나는 왜 늙어 보이고 저 친구는 젊어 보일까?'

'배우나 예술가들은 어떻게 항상 젊어 보일까?'

누구나 한 번쯤은 품어 봤던 이런 소박한 의문에 대부분 자기 나름의 답을 준비했을 것이다. 그러나 답은 아주 간단명료하다.

'마음이 젊다!'

이 한마디에 다 들어 있다.

마음이 젊기에 패션이든 소품이든 젊은 것을 고른다.

마음이 젊으니 행동도 자유로워진다.

그러면 마음도 가벼워져 항상 발랄하게 움직이게 된다.

그런 사람은 여성이든 남성이든 화려해서 눈에 띈다. 젊어 보이는 사람은 돋보인다. 가만히 있어도 사람들의 이목을 집중시킨다.

동년배들이 모여도 늙어 보이는 사람은 존재감이 없고 젊어 보이는 사람은 눈에 띈다.

비단 패션이나 행동 때문만은 아니다. 젊어 보이는 사람은 속내를 거침없이 말로 표현할 수 있는 사람이다. 남들의 시선을 신경 쓰지 않고 틀리거나 말거나 상관하지 않는다.

마음속 생각을 꾹 누르고 잠자코 있기보다 분명하게 표현하고, 비난당하거나 반대에 부딪혀도 한때라고 생각하며 넘긴다. 그러니 마음에 떠오르는 것을 억누르지 말자.

늙어 보이는 사람들이 눈에 띄지 않는 것은 옷이나 겉모습이 수수해서가 아니다. 그들은 젊어 보이는 사람과 달리 마음에 꿈틀거리는 것이 있더라도 먼저 억누르기 때문이다. 주변 사람들의 시선을 의식하고, 틀려서 창피를 당하고 싶지 않아 신중해진다. 눈에 띄지 않으려고 최대한 행동을 자제한다. 그리하여 참는 인상, 마음대로 하지 못하는 것에서 오는 불만이 표정이나 몸에 드러난다. 결국 마음의 노화가 외모에도 영향을 주는 것이다.

노화에
거창한 이유는 없다

역시 노화는 자신의 실제 나이에 꽁꽁 묶이는 나이의 주박이 원인이었다.

'나도 이제 ○○살이니까.'

자꾸 이렇게 나이를 의식하면 마음이 위축되고 나이에 맞는 행동이나 사리 분별에 맞게 움직이도록 자신에게 강요한다. 그러다 보면 행동이나 생활에 제약이 걸리고, 결국엔 식생활을 빈약하게 만들어 혈압과 혈당 약을 달고 사는 신세에 놓인다. 지금까지 내가 노래를 불러왔던 '80세의 벽'이란 따지고 보면 나이의 주박이 가장 큰 원인이다.

그런데 나이의 주박은 고령에 시작되는 것이 아니다.

'이제 나도 40대인데.'

'벌써 예순이 됐다고.'

중장년 때부터 이런 식으로 생각하는 사람들이 많다. 그런 생각이 들 때마다 의식하지 않았던 나이를 자꾸만 꺼내 의식한다. 그리고 온갖 계획이나 희망을 자꾸만 가둬 버린다. 마음의 노화는 이렇게 현실의 인생까지 점점 늙게 만든다.

바꾸어 생각하면 하루하루를 꾸준히 젊게 즐기는 비결은 아주 간단하면서도 단순하다. 나이를 잊어버려라. 그뿐이다.

이는 간단해 보이지만 매우 어려운 일이다.

세상과 주변 사람들이 사사건건 당신의 나이를 압박해 오기 때문이다. 고령자 운전면허 강습도 그렇다. '나이를 생각해야죠.', '평생 청춘인 줄 아세요?'라며 무심코 던지는 말에 악의가 없다손 치더라도 이런 말을 들으면 자꾸만 자신의 나이를 들추게 된다.

그래서 누구보다도 본인이 먼저 나이를 상기시키려고 한다.

취미든 공부든 재미든 무언가 새로운 일을 시작하려고 할 때 '내 나이가 몇인데.'라며 브레이크를 건다. '이 나이를 먹고 이제 와?', '괜히 돈 낭비하지 말자.'라며 나이를 자꾸만 들먹이면서 말이다.

이러면 잠깐 들끓었던 의욕이나 두근두근 설레던 마음이 금세 사그라진다. 그렇게 자신이 포기해 놓고 아쉽냐고 물으면 그렇지 않다고 자신 있게 답하지도 못한다.

왜냐하면 스스로 납득해 버리기 때문이다.

'맞아. 나이를 생각해야지.'라며 납득하고, 단념하게 됐을 때는 '바보짓 안 해서 다행이다.'라며 수긍한다.

'어차피 실패하거나 포기했을 텐데, 차라리 시작 안 하는 게 옳았어.'라며 가슴을 쓸어내린다. 결국 스스로 나이의 족쇄를 채우고 정신이 승리했다고 믿는다.

나이를 방패 삼아 무난하고 안전한 선택을 하는 방법으로 나이의 주박을 선택한 것이다.

마음의 자유를
되찾아라

나는 이 책에서 나이의 주박을 벗어나는 간단한 방법을 몇 가지 소개하고자 한다. 무심코 나이를 의식하거나 브레이크를 거는 지금의 태도와 사고에서 탈피하는 방법이다.

여기서 가장 중요한 것은 자유롭게 살아야 기분이 좋고 편하다는 걸 깨닫는 일이다. 불편함을 좋아하는 사람이 어디 있겠는가. 그러므로 마음이 원하는 방향으로 순순히 따라가기만 하면 된다.

그런데 이 간단한 방법을 사람들은 잘 실천하지 못한다. 그 이유는 부자유에 길들여졌기 때문이다. 우리는 이미 젊은 시절부터 이미 다양한 부자유를 습득해 왔다.

"눈치를 살펴라."

"남에게 폐를 끼치니 투정 부리거나 멋대로 행동하지 마라."

　이게 당연한 듯 배웠다. 그리고 또렷하게 드러나지 않는 세상의 상식이나 조직의 룰에 항상 맞춰 살아왔다.

　물론 주변에 폐를 끼치거나 서로 불쾌해지는 일이 없도록 지켜야 할 일도 있다. 그러나 살짝 어겨도 아무런 피해를 주지 않는 일역시 아주 많다. 예를 들어 직장에서 상사의 판단이나 사람들의의견에 반대 의견을 내는 경우는 결코 룰 위반이 아니다. 특별히상대에게 폐를 끼치는 일도 아니다. 고작 이야기가 길어져 회의가 조금 늦게 끝날 뿐이다.

　그런데 반대 의견이 있어도 내지 않고 삼키는 사람이 많다. 찍힐까 봐, 팀워크를 흐트러뜨릴까 봐 생각이 많아지기 때문이다.

　결국 어딘지 찝찝한 마음을 남긴 채 참고 넘긴다. 하고 싶은 말을 뺄지 못하거나 하고 싶어도 참으며 상황을 피한다.

그런데 그런 마음의 부자유가 오히려 안심하게 만들어 주는 것도 사실이다. 그럴 때마다 '참길 잘했다.'라며 가슴을 쓸어내린다.

그런데 고령이 된 이제는 그런 작은 안심은 굳이 필요가 없다.

더 이상 구속하는 조직도 없고, 가족이나 회사를 생각해야 한다는 의무나 책임도 없다. 지금 몇 살이다, 정년까지 얼마 남았다, 집의 대출이며 자녀의 교육비, 혹은 지위에 맞는 성과나 실적은 머리에서 떨쳐 버려도 된다. 과거와 비교하면 훨씬 더 자유로워졌다고 할 수 있다.

그 자유를 충분히 즐기도록 허용되는 나이다. 그런데도 자꾸 나이가 의식된다면, '그렇구나, 무슨 일을 해도 괜찮은 나이구나.'라는 사실을 떠올리고 명심하자. 바로 지금이 마음의 자유를 되찾을 수 있는 나이라는 걸 알기 바란다.

1장

실제 나이?
의미 없다

"몇 살이세요?"라는 질문에서 자신을 해방시키자.

실제 나이가 의미 없음은 우리 모두가 아는 사실이다.

젊고 건강한 것은 몸과 체력에 국한된 말이 아님도 안다.

마음이 늙지 않도록 가꿔야 한다. 지금부터 찾아 나서자.

이런 게
청춘이다

'세상이 이렇게 젊어졌구나.'하고 새삼 느껴지는 예는 많다.

어떤 나이에 도달했을 때, 사람들은 대부분 '별거 없네.'라는 생각이 든다. 예를 들어 환갑을 맞이한 사람이 있다.

'예순이면 할아버지 나이인 줄 알았는데, 뭐야 이거? 변한 게 하나도 없군.'

이게 속마음이다.

40세든 50세든 마찬가지다. 막상 그 나이가 되어 보면 너무 별것이 없어 김이 빠진다. 옛날에는 무슨 대단한 어른이라도 되는 줄 알았는데 '아직 젊네?'라는 생각이 절로 든다.

그렇게 느끼는 이유는 뭘까? 여기에 아주 단순한 이유가 두 가지 있다.

하나는 우리가 실제로 젊어지고 있다는 것이다.

60세를 예로 들어 보자.

정년이 55세였을 시절엔 60세면 뒷방 늙은이가 되었다. 가끔 손주와 놀아 주며 여생을 보내는 이미지로 그려졌다. 나는 종종 만화 〈사자에 씨〉에 등장하는 나미헤이를 예로 든다. 만화 속 그의 나이는 딱 54세로 정년에 가까운 설정이다.

아무리 1940~1950년대에 그려진 만화라고 하지만 머리가 벗겨진 나미헤이가 겨우 54세밖에 안 된 것이다. 지금의 우리에게는 와 닿지 않는 이야기다.

예시가 너무 오래된 이야기라고 반박할 수 있겠지만, 사실 일본에서 정년이 55세에서 60세로 늘어난 것은 1986년의 일이다. 60세 미만의 정년 제도가 법률로 금지된 것도 1994년이니 결코 아주 먼 옛날이야기가 아니다.

현재는 어떤가. 희망하는 사람은 65세까지 고용이 의무화되어 있다. 재고용이나 재취업으로 70세 넘어서까지 일하는 사람도 드물지 않다.

다시 말해 60세는 아직 창창한 현역이라는 뜻이다. 실제로 그 나이가 되어 '별거 아니네.'라는 생각이 드는 것도 당연하다.

지금까지 머릿속에 '60세=먹을 만큼 먹은 나이'라는 고정관념이 자리 잡고 있었으니, '별거 없잖아.'라며 김이 새는 것도 이상하지 않다. 막상 그 나이가 되어서야 나이의 주박이 풀리는 것이다.

　70세든 80세든 마찬가지다. 스스로 '먹을 만큼 먹은 나이'라며 세뇌를 시키고 있을 뿐이다. 요즘 사람들은 겉으로 보나 체력으로 보나 예전과 비교할 수 없을 정도로 젊어졌다.

실제 나이는
의미 없는 시대

우리가 실제로 그 나이가 되었을 때 별거 아니라는 생각이 드는 이유가 또 하나 있다. 일본인의 평균 연령이 높아지고 있다는 점이다.

만화 〈사자에 씨〉의 배경은 1940년대 중반의 도쿄다.

그 당시 일본인의 평균 연령은 20대 후반이었다. 참고로 1955년의 평균 연령은 대략 24세. 1980년의 평균 연령 역시 30세를 살짝 넘은 정도다.

지금은 어떨까? 2020년의 데이터를 보면 49세. 세계적으로 봐도 최고령 평균 나이다.

평균 연령이 젊은 사회에서는 그 나이를 넘으면 노인 취급을 받는다. 평균 연령이 20대 후반이었던 시대에는 30세를 넘으면 아저씨 아줌마였고, 50세를 넘으면 노인으로 분류되는 게 지극히 당연했다.

그런데 평균 연령이 50세에 가까워진 지금 시대에 그 기준을 그대로 적용하면 안 된다.

40, 50대는 젊은이 나이, 30세는 아이로 취급해도 이상하지 않다. 실제로 아이돌 예능인의 이미지가 남아 있는 전 쟈니스 그룹 '아라시' 멤버들의 평균 나이는 40세를 넘었다. 하물며 SMAP는 50세 이상이다.

나이만 보면 옛날에는 모두 중년의 아저씨들이겠지만, 지금의 일본인 평균 연령을 생각해 보면 아직도 아이돌 세대다. 그들은 아직 젊고, 옛날 기준으로 보면 20대 젊은이로 통하는 세대나 마찬가지다.

출산율 감소로 아이들의 수가 줄어들고 80, 90대 건강한 고령자가 늘어나니 평균 연령이 점점 높아지는 것은 당연한 일이다. 하지만 70대처럼 인구가 많은 연령층 안에 있으면 그 사실을 좀처럼 실감하지 못한다.

'나는 벌써 75세니까 후기 고령자인가.'라거나 '나이를 생각하면 이제 조용히 살아야지.'라는 등 고령자의 반열에 올랐다는 것에만 의식이 집중된다.

그러나 세상을 둘러보라. 아직 젊은이라고만 생각했던 세대도

40, 50대로 점점 같이 나이가 들어간다. 하지만 그들이나 그녀들에게 늙었다는 이미지는 없다. 아이돌 그룹인 아라시가 40대라니 그저 놀라울 뿐이다.

그 사실이 놀랍다면 '실제 나이는 이제 의미가 없는 시대구나.'라는 걸 깨달아야 한다.

'나도 사람들이 아직 60대 정도로 보던데?'

'나도 여든이라고 하면 사람들이 깜짝 놀라더라.'

요즘 이런 경험을 가진 고령자도 많다.

젊은 외모나 인상이 실제 나이보다 먼저다.

젊게 보인다는 것은 무척 좋은 일이고 기쁜 일이다. 그렇게 보이면 그대로 받아들이고 기뻐하면 된다. 나이의 주박을 훌훌 털어 버리고 마음의 자유를 되찾은 사람이 긴 고령기를 마음껏 즐길 수 있다. 지금은 그런 시대라는 걸 명심하자.

노인은
언제부터 시작되는가

지금의 70대와 80대들에 대해 대부분 잊은 사실이 있다.

이 세대 남성들 대부분 경제 성장이 절정에 달했던 쇼와 말기에 현역 샐러리맨들이었다는 것이다.

거품도 있었지만 1980년대는 샐러리맨들의 천국이었다. 그들은 몸에 명품 정장을 두르고 고급 자동차를 골라 타며 고급 레스토랑이나 클럽에 드나들었다. 일 때문에 걸핏하면 해외에도 많이 나갔다. 실질적인 임금이 오르지 않고 불경기로 앞을 내다볼 수 없는 지금 시대에 비하면 흥청망청 돈을 쓰며 활력이 넘치던 시기였다.

그때 한창 일하던 40대들이 지금의 70대와 80대다.

그랬던 세대가 이제 나이 들었으니 얌전하게 살라 하면 그럴 수 있을까?

연금으로 생활하고 있으니 무조건 절약을 외치며 조용히 살 수 있을까?

늦은 시간까지 지루한 방송이나 틀어 놓고 잠자코 보고만 있을 수 있을까?

삼시 세끼 집에서 꼬박꼬박 부부가 마주 보고 앉아 먹을 수 있을까?

만약 그런 생활을 고수하고 있다 하더라도 마음은 답답하고 자유롭지 못할 것이다. 여든이니 참아야 한다고 아무리 되뇌어도, 마음은 '내 맘대로 살고 싶어!'라고 외치고 있을 것이다.

마음대로 살아도 된다.

마음이 원하는 대로 자유롭게 살면 된다.

애초에 80대가 되었다고 쇼와 세대의 화이트칼라를 노인이나 고령자라는 말로 묶어 버리는 건 억지이다. 나이의 주박을 훌훌 벗어던지자.

실제 나이의 단점만
자꾸 눈에 밟힌다

나이를 의식해 봤자 변변한 일 하나 벌어지지 않는다. 이것은 고령기에만 해당되는 말이 아니다.

40대나 50대의 중년기는 물론, 경우에 따라 30대 역시 '내가 벌써 ○○살이라니.'라고 의식을 하는 순간, 스스로 온갖 브레이크를 건다. 대부분은 무언가 해 보고 싶은 일이 떠오르거나 자신을 구속하는 것에서 벗어나려 할 때 이 브레이크가 걸린다.

20년 넘게 다닌 회사를 그만두고 그토록 바라던 카페를 시작하려는 45세 남성이 있다고 하자. 이 남성은 자기 나름대로 열심히 기반을 다져 왔다. 그럼에도 불구하고 아직 완벽하다고는 자부할 수 없다.

'커피콩을 사고 볶는 건 아직 공부가 부족하니 어디 다른 가게에 취직해 1년 정도 배울 겸 일하자. 그리고 창업 자금이 아직 넉넉지 않으니 역에서 조금 멀더라도 월세가 싼 집을 찾아보자.'

중도에 퇴직하면 퇴직금도 그렇게 많이 받지 못한다. 배우면서 일해도 월급이 확 줄어드는 건 어쩔 수 없다. 그러니 회사를 그만 두면 몇 년 동안은 고생길이 펼쳐질 게 눈에 훤하다. 그래도 언젠가 카페를 직접 운영하고 싶다는 마음은 샐러리맨이 되기 전부터 갖고 있던 꿈이었다. 사실은 조금 더 빨리 시작하고 싶었지만, 일이 바쁜 데다가 팀도 맡게 되면서 그만둘 타이밍을 놓쳤다.

그런데 이 남성이 만약 45세라는 자신의 실제 나이를 무겁게 받아들였다면? 다시 말해 실제 나이를 의식하기 시작하면 그의 선택은 어떻게 될까?

'너무 늦지 않았을까?', '지금 회사를 그만두는 건 너무 아까운데.'라고 생각할 것이다. 팀도 맡았겠다, 업무 스케일은 앞으로 점점 커질 것이다. 20년 이상 일한 직장이니 좋든 나쁘든 요령도 몸에 뱄다. 지금처럼 일하는 건 당연히 편하다.

그러면 '앞으로 20년만 더 버티면 퇴직금과 연금도 많이 받을 수 있어. 카페는 그때 해도 늦지 않아.'라는 생각에 지배당한다. 그 후의 생각은 뻔하다. 아무리 생각해도 중간에 퇴직하면서까지 카페를 여는 건 어리석고 이른 계획이 되고 만다.

한번 그렇게 멈칫하게 되면 40대 중반에 창업하는 건 너무나 어중간하고 위험하다는 생각이 든다. 더 나아가 왠지 뭘 해도 안 될 것 같은 기분에 사로잡힌다. 그때까지는 대수롭지 않게 여겼던 나이가 마치 최악의 나이인 것처럼 다가온다. 이런 것도 나이의 주박에서 생기는 예이다.

마음의 노화가 느껴지지 않으면
청춘이다

평균 수명이 높아지니 엄청난 장점도 생겼다.

사람들은 의외로 이 장점을 간과한다. 그건 무슨 일을 시작하든 '이미 늦었어.'라거나 '지금 시작해 봤자 되겠어?'라고 생각하지 않아도 된다는 것이다.

평균 수명이 60대였던 시대에는 그 나이부터 거꾸로 계산해 대부분 '30대 안에', 혹은 '40대까지는'이라는 기한을 두었다. 커리어를 쌓거나 나아갈 길을 정하는 중요한 길목에서 '25세까지는 정해야지.'라는 식으로 나이 제한을 두는 사람도 있었다.

취미 생활이나 공부할 때도 그랬다. '한 살이라도 젊을 때 시작해야지.'라는 의식이 누구에게나 있었다는 말이다.

'나이가 들면 머리도 못 따라가고 몸도 굳으니까 뭔가를 시작하

려면 젊을 때 하는 게 좋지.'

대부분 그렇게 생각했다. 고작 30대나 40대에 '지금부터 하면 늦어.'라거나 '조금 더 젊었더라면.'이라며 일찌감치 포기하는 경우가 많았다.

그런데 70, 80대에도 아직 건강한 사람이 당연해지고 일도 70대까지 하는 사람이 드물지 않은 시대가 되니 나이 제한의 의미가 없어졌다. 적어도 전보다는 훨씬 뒷세대로 늘려도 될 것 같다.

실제로 요즘은 회사를 정년퇴직하고 60대 후반이 되어서 예전에는 일이 바빠 포기했던 분야를 배우러 대학이나 대학원에 들어가 공부에 매진하는 사람도 드물지 않다.

취미나 배움의 세계는 더 자유롭다. 70세나 80세가 넘는 나이에 악기나 어학, 그림을 배우는 사람들도 많다. 뇌가 건강하니 의욕이나 호기심만 잃지 않는다면 어떤 분야든 가능하다.

이직이나 창업 역시 40대나 50대에 얼마든지 시작할 수 있다. 100세 시대라고들 하는 세상인데 아직 절반밖에 오지 않은 나이가 어떻게 늦었다고 할 수 있을까.

이러한 현실은 비록 나이가 들었다 해도 마음의 자유를 잃지 않은 사람이 늘어났다는 것을 방증한다. 물론 그렇지 않은 사람도 있겠지만, 고령자가 이렇게 두꺼운 연령층을 형성하고 난 뒤부터는 (즉, 당연한 세대가 되고 나서) 조금씩 나이의 주박이 약해지고 있다.

마음이 늙은
젊은이들

평균 연령이 50세에 가까워지고 고령자가 넘치는 세상이다. 직장에 중장년 세대가 눌러앉게 되면, 이번에는 젊은 세대들을 중심으로 '노인들은 눈엣가시야.'라거나 '튀지 말고 조용히 좀 있지.'라며 반감이 퍼지기도 한다.

색안경을 끼고 나이로만 판단하는 것이 마음 노화의 시작이라고 한다면, 이러한 경향은 오히려 20대처럼 아주 젊은 층에서 강하게 나타난다.

만약 고령자가 운전하다 사고를 일으키면, '여든이 넘은 나이에 무슨 운전이야.', '면허증에 나이 제한을 걸어야 해.'라는 의견이 나온다. 실제 운전하는 고령자들의 실상은 깡그리 무시하고 나이로만 판단하여 억지로 답을 내려는 것이다.

'자동 운전 시스템을 실용화할 순 없는 건가?'

'현대 기술로도 개선의 여지가 없을까?'

이렇게 젊은 감각으로 기술 개혁이나 시스템 개발에 더 관심을 줄 수도 있을 것 같은데, 그런 의견은 전혀 나오지 않는다. 그저 고령자의 나이에만 초점을 맞춘다.

직장에도 그런 시선들이 비일비재하다.

'50 넘은 사람들은 말의 핀트가 어긋났어.'

'요즘 트렌드를 몰라.'

상대가 상사든 선배든 이렇게 나이로만 단정 짓는다. 트렌드를 논하기 전에 자신보다 윗세대가 어떤 의견을 가졌는지 귀를 기울이고, 상대의 나이가 아닌 의견에 초점을 맞추는 것이 훨씬 더 자연스러운 태도다. 그래야 마음도 포근해지고 자유로워진다.

만약 나이로 사람을 판단하는 젊은이가 똑같이 나이 들어가는 자기 부모를 마주할 때는 어떨까? 여전히 색안경을 끼고 부모의 젊은 마음을 무시할까? 여든이 넘은 부모가 화려한 색상의 니트를 입으면 '나잇값을 좀 하지.'라고 생각하고, 악기를 배운다고 하면 '나이 들어서 웬 돈 낭비야.'라며 투덜거릴까?

그런 사람들은 적어도 '우리 부모님은 참 젊게 사셔.'라며 기뻐하지는 않을 것이다.

마음의 노화는 젊은 나이에도 시작될 수 있다. 아니, 오히려 젊은 세대들의 마음이 더 늙은 경우도 많다.

결국 나이는 숫자로 나타내는 삶의 기간일 뿐이다. 진정한 나이듦은 생각과 사고의 문제에서 나타난다.

기왕이면
젊은 게 좋다

"기왕이면 젊은 사람이 낫다."

일본에 뿌리 깊게 박힌 이런 통념을 보면 속이 부글부글 끓는다. 예를 들자면 정치의 세계가 그렇다.

국정에서든 자치체 대표 선거든 후보가 두 사람이면 유권자들은 '기왕이면 젊은 사람이 낫지 않나?'라고 생각한다. 젊은 사람은 결단력 있게 일을 추진하지만, 노인은 행동력 없고 고지식하다는 이미지 때문이다.

하지만 선거에서는 각 후보자가 호소하는 것이 무엇인지, 어떤 정치를 하려고 하는지가 중요하다. 단지 젊다는 이유만으로 시민의 생활을 지켜줄 수 있을까? 어린 나이임에도 이미 마음의 노화가 시작된 정치가도 있다. 자치체 대표가 나라의 꼭두각시가 되어 시민들을 테두리 안에 가두려는 사례도 많다.

하물며 나라의 정치를 이끌어가는 총리가 단지 젊다는 이유만으로 유권자들의 지지를 받는다면 그야말로 어떤 정책을 밀어붙일지 예측되지 않는다. 고령의 정치가라 하더라도 국민의 마음을 헤아리는 능력이 중요하다. 젊기만 하고 국민의 요구에 귀를 기울여 주지 않는 정치가는 곤란하다. 따라서 정치에서는 정치인의 나이가 상관없다.

참고로 미국의 바이든 대통령은 80이 넘었다. 미국의 평균 연령이 38세로 일본보다 훨씬 젊다는 걸 고려하면 정치에서 나이를 따지지 않는다는 걸 알 수 있다. 역시 나이 차별 금지법을 시행하는 나라는 다르다.

일본은 고용 시장에는 '젊은 게 좋다'라는 고정관념이 뿌리 깊게 내려 있다. 커리어나 능력이 같다면 조금이라도 나이가 젊은 인재를 뽑으려 한다.

하지만 중노동을 해야 하거나 근무 시간이 특수한 직장이라면 어쩔 수 없다 하더라도, 대부분의 일은 폭넓은 나이대의 사람들이 종사하고 있다. 젊어야 일을 더 부리기 쉽다, 습득력이 좋다, 오래 근무할 수 있다는 이유를 들어 고령자 고용을 꺼린다는 것은 당사자의 능력이나 개성이 아닌 나이에만 초점을 맞추고 사람을 평가한다는 증거다.

예를 들어 서비스업의 종사자는 무조건 젊은 게 좋다는 발상은 큰 실수이다. 최근에는 편의점 계산원으로 고령의 남성이나 여성을 고용하기도 한다. KFC의 점장은 65세까지, 점포 직원은 70세까지 고용 가능 나이를 연장했다는 뉴스가 있었다. 할인 매장인 돈키호테처럼 80대의 고령자를 적극적으로 고용하는 기업도 늘고 있는 추세다.

원래 호텔이나 레스토랑의 접객 담당으로는 고령의 남성을 쓰는 이미지가 많았다. 언행이 친절하고 차분한 나이대의 사람은 고객을 편하게 만든다. 젊은 직원이 분주하게 돌아다니는 것보다 행동이 살짝 느리면 고객은 오히려 요리나 분위기를 느긋하게 음미할 수 있다.

고령자들은 긴 세월을 지내며 저마다 장점을 갖추었다. 한 사람의 인생 경험을 통해 자신만의 매력이나 능력을 만들었다. 그런 것들을 깡그리 무시하고 '무조건 젊은 게 최고'라고 단정 지어 버리는 것이 얼마나 고지식한지 생각해 보자.

이제 자유는
먼 이야기가 되어 버렸나

코로나가 이렇게 오래 이어지리라고는 아무도 예상하지 못했다. 나의 자숙 기간 역시 길게 이어졌다는 사실에 더 놀랐다. 지금까지 보호받아 왔다고 해야 할까…?

우리는 그동안 일상생활에서 허락된 당연한 자유를 줄줄이 빼앗겨도 꾹 참고 견뎌 왔다. 하지만 정확히 말하면 규제는 아니다. 대부분이 자숙이었다. 이동의 자유, 모임에 나가거나 타인과 만나는 자유를 법률로 규제할 수는 없었고 자숙이라는 이름으로 짓눌러 왔다.

자숙은 굳이 따르지 않아도 처벌받지 않는다. 그럼에도 일본 사회는 매우 순종적이었다. 마스크 하나를 예로 들어도 그렇다. 나라에서 아무리 '밖에서는 벗어도 된다.'라고 부르짖어도 사람들

은 벗으려 하지 않았다. 길에 나가면 대부분 늘 그렇듯이 마스크를 착용한다. 그 대신 마스크를 착용하지 않은 사람을 피하거나 째려보기도 했다. 결국엔 눈치에 못 이겨 가방이나 주머니에 넣어 뒀던 마스크를 주섬주섬 다시 꺼내서 쓰게 된다. 모두 다 똑같은 모습으로 마스크를 쓰고 난 뒤에야 비로소 안심하는 것이다.

　마스크 하나로도 이러는데 여행이나 외식에 쏟아진 비난은 더 어마어마했다. "누구는 가기 싫어서 안 가는 줄 알아?"라고 화를 냈다. 다들 참고 있으니 누구라도 참아야 한다는 것이다. 그러면서 '자유로운 사람은 좋겠다.'라며 부러워한다. 사실 자신도 그렇게 하면 되는데 '나는 그런 용기가 안 나던데.'라면서 절대 그렇게 하지 않는다. 이유는 알 수 없지만 그 자유를 누리는 상대만 '이기

적'이라고 비난하며 반사회적인 행동으로 간주한다.

이상한 이야기다. 그들이 딱히 법을 어긴 것도 아니다. 단지 '단골집에서 맛있는 술을 마시며 즐기고 싶다.', '재택을 계속하다 보니 사람이 그리워졌다.', '아아, 답답하다. 여행 가고 싶어!'라는 마음을 실행한 것뿐이다.

자숙하지 않는 상대를 비난하려 든다면 먼저 자신이 사회의 분위기에 따르려고 애쓴다는 것, 부자유를 감내하면서 세상에 맞춰 살아가고 있는 것임을 알아야 한다. 그리고 이제 '내 자유는 먼 이야기가 되어 버렸구나.'라고 한탄해야 한다.

2장

'마음의 노화'란
무엇인가

나이가 들수록 '도전'을 외칠 용기가 사라진다.
모험은 줄이고 안정적이고 편안한 생활을 추구한다.
사람들과 세상의 눈을 피해 자꾸 안으로 숨어들려고 한다.
남들은 의식하지 않는데 자신만 자기 나이를 의식하기 때문이다.
이보다 좋은 때는 없다. 지금 당장 나이에 맞서보자.

안심하면
마음의 노화가 시작된다

우리는 회의 자리에서 "자유롭게 의견을 말씀해 주시길 바랍니다."라는 말을 종종 듣는다.

상사가 자신의 계획을 부하들에게 설명하고 난 뒤 다른 사람의 의견을 듣고자 덧붙이는 말이다.

"허심탄회하게 말씀해 보세요."

"눈치 볼 것 없습니다."

이렇게 신신당부하지만 부하들은 대부분 묵묵부답이다. 기껏 해야 질문이나 조금 하고 만다.

그런데 신기하게 한 명이 상사의 계획에 반대 의견을 내거나 새로운 제안을 하면 회의실의 분위기는 단숨에 바뀐다. '오, 그래도 되나?', '그럼 나도?'라고 생각하며 적극적으로 자신이 생각했던 반론이나 이견을 낸다.

이런 회의실의 흔한 풍경은 마음의 족쇄로 비유하면 이해하기 쉽다.

처음에는 모든 사람에게 족쇄가 채워져 있다.

'괜히 이상한 소리 하면 안 되겠다.'

'부장님은 자신이 있으니까 저렇게 여유가 있는 거겠지.'

이렇게 생각하며 다들 반론을 할 겨를을 잡지 못하는 것이다.

이때 남들 눈치를 보지 않는 직원이 한 사람 섞여 있으면 마음의 족쇄가 풀린다.

'오? 저렇게 거침없이 말하네!'

마음은 편안해지고 여유가 생긴다.

그때부터 열띤 논쟁이 펼쳐지고 너나 할 것 없이 자유로운 의견이 오간다. 부장은 흡족한 표정을 짓는다. 별것 없다. 직원들이 괜히 부장의 눈치를 보고 위축되어 있었던 것뿐이다.

이렇게 족쇄가 벗겨지는 순간, 누구나 마음의 자유를 되찾을 수 있다. 하지만 족쇄를 차고 있는 동안에는 무의식중에 봉인하는 경우가 많다. 방금 든 예에서는 '눈치 없는 직원' 한 사람이 그 족쇄를 풀어 줬다. 그러나 만약 그런 사람이 없다면 본인이 아무리 자유롭다고 믿는들 그 사실을 눈치채지 못한 채 부자유를 고스란히 받아들인다.

아무도 부자유를 강요하지 않았다. 부장도 자유롭게 발언하라고 얘기했다. 그런데도 '아니야, 부장님 계획을 어떻게 반대해.', '다들 눈치 보는 것 같은데.'라며 과하게 배려하면 결국 아무 의견도 낼 수 없다. 스스로 부자유 속에 가두는 꼴이다. 족쇄를 풀지 않는 한 자신이 자유롭지 못하다는 사실조차 인지하지 못한다.

리스크를 회피하면
자유를 뺏긴다

흔히들 중국에는 자유가 없다고 안다. 그도 그럴 것이 정부의 탄압으로 언론이나 표현의 자유를 빼앗긴 것처럼 외부에 비치기 때문이다.

'그에 비하면 일본은 그래도 자유로운 축에 속하지.'라고 생각하는 사람이 많다. 그럼 마음의 자유는 어떨까.

눈치 살피랴, 상식 있게 행동하랴, 팀을 최우선으로 생각하랴.

이처럼 온갖 마음의 족쇄를 차고 있다. 그리고 그 족쇄가 알게 모르게 자기 마음의 자유를 빼앗고 있다는 사실조차 알지 못한다.

어릴 때부터 '친구와 사이좋게 지내라.', '질서를 무너뜨리면 안 돼.'라고 배웠으니 혼자 튀지 않도록 마음에 금지령을 내린다. 중국에 언론의 자유는 없을지언정, 나라가 하는 일을 비판하는 소리

는 있다. 리스크가 따르긴 하겠지만 일본인만큼 순종적이지는 않
은 것 같다.

　그런데 일본인들은 자신이 자유롭다고 믿는다. 주변을 배려하
는 행동이 몸에 배면 마음의 자유 영역은 좁아진다. 코로나 시절
의 자숙도 그렇다. 다들 똑같이 참고 있으니 어쩔 수 없다고 생각
했기에 스스로 자유를 억제했다.

　'왜 참아야 하지?'

　'숨 막혀서 미칠 것 같아'

　자숙 모드에 반발하기보다 주변 사람들처럼 자유롭지 못하더
라도 참는 게 차라리 편하고 안전하다고 다독였다. 나이의 주박
도 마찬가지다.

'나이가 무슨 상관?'이라며 자유분방하게 행동하기보다는 '이제 먹을 만큼 먹었으니까.'라며 나이에 맞는 행동하려고 노력한다. 그래야 주변에서도 너그럽게 지켜봐 주고 친절하게 대해 준다고 믿기 때문이다.

그런 마음의 안정감이 자유보다 더 중요해진다.

누구나 자유를 추구할 때는 패션 하나 갖고도 어울리지 않는다고 손가락질받거나, 나이 들어 그게 뭐냐며 바보 취급당할 리스크를 안고 있다. 실패할 가능성을 항상 품고다니는 것이다. 그런 리스크를 회피하려 할 때 마음의 노화가 시작된다.

마음은 왜
부자유를 견뎌낼까

우리에게 자유는 매우 중요하다. 세대나 나이를 떠나 마음에 날개를 단 듯 여유가 생기고, 무엇보다 '자, 한번 해 볼까.'라는 의욕이 생긴다.

그런데 마음의 자유는 의외로 설명하기가 어렵다.

'마음이야 항상 자유로운 거 아닌가?'라며 의아하게 생각하는 사람도 있고, '나는 무슨 일이든 자유롭게 생각하고 속박당하지도 않는데.'라며 고개를 갸우뚱하는 사람도 있다.

육체적인 자유와 비교하면 막연해서 알기 어려운 것이 바로 마음의 자유다. 그 까다로운 부분을 조금이라도 이해할 수 있도록 '나이에 대한 기준'을 지금까지 예로 들었다.

사람들은 무의식중에 나이에 대한 자기 나름의 기준이 가진다.

상대방의 나이, 자신의 나이에 대한 기준이다. 이 기준이 까다로운 사람일수록 나이의 주박도 강해진다. 상대방이나 자신을 자꾸만 실제 나이로 판단하기 때문이다.

그리고 나이에 맞는 행동을 스스로 강요한다. '내가 이 나이 먹고….'라는 족쇄를 채우는 것이다. 이것이 바로 '마음의 노화'다.

마음이 늙으면 사는 모습도 늙을 수밖에 없다. 자신이 먼저 실제 나이에 맞는 행동을 선택하면 외모도 마음도 어쩔 수 없이 그대로 따라간다.

실감이 나지 않는 것에
얽매이지 마라

마음이 젊은 사람은 자신을 나이 안에 가두지 않는다. '나도 해 보고 싶다.'라며 흥미가 생긴 일은 편한 마음으로 시도해 본다. '먹고 싶어.'라는 생각이 들면 먹고, '가고 싶어.'라는 생각이 들면 가고, '멋있다.'라는 생각이 들면 그 패션을 몸에 두른다.

자신의 소망이나 욕망을 아끼지 않는다.

'나이도 먹을 만큼 먹었으면서….'라는 주변의 시선도 개의치 않는다.

애초에 자신의 나이를 의식하지 않기 때문에 신경이 쓰이지 않는다. 이는 마음이 가는 대로 살고 있다는 뜻이다. 자유를 무엇보다 소중히 여기고 즐기는 것이다.

반면, 실제 나이를 의식하거나 그 나이에 자신을 맞추려고 하는 사람은 어떨까.

무슨 일을 해도 나이를 따진다.

'나이 먹고 나대지 말아야지.'

'이 나이에 창피를 당할 순 없지.'

'실패하면 웃음거리가 될 거야.'

이렇게 생각하며 스스로 자유를 봉인해 버린다. 마음에 나이의 족쇄를 채우는 것이다.

하지만 나이에는 실감이 따르지 않는다. 사람들 대부분은 자신의 실제 나이를 의식하지 않으며 아직 나이만큼 늙지 않았다고 생각한다. 사실 맞는 말이다. 그러니까 자꾸 나이를 따지며 부자유를 받아들인 사람은 실감이 나지도 않는 것에 괜히 얽매여 있다는 뜻이다.

이 부자유는 고령자의 문제만은 아니다. 몇 살이 되었든 나이를 불문하고 자기 '나이에 맞는 삶'을 자신에게 자꾸 강요하는 사람들에게 해당한다. 예를 들어 결혼이 그렇다. 부모가 일에 푹 빠진 딸에게 "너도 이제 나이가 찼잖아. 결혼 생각도 해야지."라며 재촉한다.

앞서 일본인의 평균 나이가 50세에 가깝다고 이야기했다. 예전의 20대나 30대가 현재의 40대나 50대에 해당한다는 사실을 생각하면 40대에 결혼해도 전혀 늦지 않다.

그런데 나이가 찼으니 스스로 결혼은 포기해야겠다, 창피하다고 생각하는 건 더 부자연스럽지 않은가.

비슷한 일은 아주 많다. 어떤 사람은 '이 나이에 무슨 이직이야.'라며 지레 포기한다. 그런가 하면 어떤 사람은 '나도 머리카락을 밝은색으로 물들이고 싶은데, 이 나이에 그러면 다들 비웃겠지?'라며 주저한다.

주변에 이렇게 마음의 족쇄를 스스로 채우려는 사람이 많은 것 같다. 다시 말해 세상이나 주위 때문이 아니라 스스로 부자유를 받아들이려는 마음이다. 평소에는 실감도 하지 않던 나이라는 틀 안에 자신을 가두는 것이다.

나이를 신경 쓰면
마음의 노화가 시작된다

나이에 관한 생각이 머리에 자리 잡은 고령자는 만약 자신과 나이가 비슷한데도 힘이 넘치거나 매일 즐겁고 자유롭게 사는 친구를 보며 '나랑 나이가 비슷할 텐데 어쩜 저렇게 힘이 넘칠까?'라며 부러워한다.

자신도 뭔가 도전해 보고 싶지만 '이제 와 무슨 수로?', '안 될 텐데.'라는 생각에 발목이 잡혀 포기한다.

자녀들도 자꾸 부모의 나이를 걱정한다. 그래서 '나이를 생각해야지.'라는 말을 들을 때마다 고개를 끄덕이며 수긍해 버린다.

자신이 먼저 나이를 의식하기도 하지만 가족에게 들을 때도 있다. 아무튼 무슨 일을 하려고 할 때마다 자꾸 나이가 머리에 아른거리니 단념하게 되는 것이다.

그러면서 상대방이나 주변 사람들의 나이도 따진다.

에너지가 넘치는 사람을 보면 '저 사람도 ○○살 정도 됐을 텐데.', '저분은 나보다 한 살 많으니까 85세일 텐데.'라며 자신의 나이와 대조하여 생각한다. 마치 나이에 맞게 늙어가지 않는 사람을 특별 취급하는 듯이 말이다. 마음이 나이에 묶여 있어 생각이나 마음이 자유롭지 못한 상태라 그런 생각을 하게 된다.

그럼 나이가 같아도 마음이 자유로운 사람은 어떨까?

그런 사람들은 뭔가 떠오르면 바로 실행에 옮긴다. 가고 싶은 곳에 가고, 먹고 싶은 것을 먹고, 만나고 싶은 사람을 만나고, 해보고 싶은 일을 꼭 한다. 나와 상대방의 나이는 머릿속에서 지워 버린 지 오래다.

가끔 몸이 힘들면 '역시 나이가 들었나 봐.'라고 생각할 때도 있겠지만, 대부분은 '아, 즐거웠다.'라며 만족한다. 마음이 자유로우니 나이를 잊어버리는 것이다. 어느 쪽 삶이 고령기를 행복하게 보낼 수 있는지, 자유롭고 즐겁게 보낼 수 있는지, 결과적으로 건강을 유지할 수 있는지는 이미 답이 나와 있지 않은가.

세상은 자꾸만
나이를 강조한다

고령자의 신체 나이가 젊어지고 의식 수준도 높아져 실제 나이는 의미가 없어졌다고 아무리 호소해도 세상은 여전히 나이를 모든 기준으로 삼는다.

65세를 넘으면 무조건 전기 고령자로 묶인다.

75세를 넘으면 이미 후기 고령자다.

현재 개개인의 상황이 어떻든 그냥 틀을 정해 놓고 그 안에 끼워 넣으려 한다. 85세를 넘으면 말기 고령자로 불릴 기세다. 애초에 60대를 고령자의 틀에 묶는 것 자체가 아무리 생각해도 직접 느끼는 체감에서 동떨어져 있다.

그런데 더 큰 문제는 그런 나이의 족쇄를 70대 이후의 사람들이 순응한다는 것이다. 아예 스스로 길들여 가기도 한다.

'내가 생각하기엔 아직 젊은데 세상은 나를 후기 고령자로 보는구나.'

'여든이 넘었으니 가족들이 운전을 말리는 것도 당연하지.'

이런 마음으로 자꾸만 나이를 의식하게 된다. 그로 인해 나이의 주박에 서서히 스며든다.

게다가 현재의 일본은 의료나 복지, 연금 같은 사회 보장이 재원 부족을 이유로 점점 줄어들고 있다. '고령자가 늘어난 탓이야.'라고 억지로 트집을 잡으면서 모든 문제를 노인에게 돌린다. 이런 상황이 올 것을 미리 알고 대책을 세웠어야 함에도 아무런 대책도 세우지 않고 대기업 우대, 국방 예산 우선 정책을 밀어붙인 정부가 비판받는 일은 없다.

고용 문제도 마찬가지다. 젊은이가 자리를 잡지 못하는 이유는 고령자가 버티고 있기 때문이라고 생각하는 사람이 많다.

그리고 꼰대 문제도 있다. 고지식하다, 낡아빠졌다, 고집불통이다, 제멋대로다, 남들 얘기는 듣지 않고 권력만 남용한다 등 이런 태도나 생각으로 고령자들에게 비난의 화살이 쏟아붓는다. 나이 먹었으면 얌전히 있으라는 무언의 압박이다.

아무튼 이런저런 선입견과 편견으로 고령자는 가족이나 사회에 폐를 끼치지 말고 조용히 살아야 한다는 기운이 이 사회를 휘감고 있는 것이다.

물론 그 압박에 눌리는 사람이 있지만 '난 내 마음대로 살 거야!'라며 개의치 않는 사람도 있다. 이는 마음이 늙은 사람과 젊은 사람의 차이다.

상황에 맞게
나이와 어울리는 법

자꾸 나이를 의식하지 말라는 데는 더 단순한 이유가 있다. 머릿속으로 나이를 생각하지 않아도 어차피 언젠가 깨닫는 날이 오기 때문이다.

죽는 순간까지 건강한 사람은 없다. 85세 정도의 나이가 되면 체력도 빠르게 떨어지고 운동 기능도 퇴화한다. 어찌어찌할 수 있었던 일도 점점 못 하게 된다. 걷거나 일어서는 단순한 동작도 마음처럼 되지 않고 자꾸 힘에 부친다.

그런 상황이 오면 어쩔 수 없이 나이 생각이 난다.

'내가 몇 살이더라. 아, 벌써 여든일곱이구나. 몸이 안 따라 주는 것도 어쩔 수 없지.'라며 납득한다.

이럴 때 나이를 온몸으로 거부하는 사람도 있겠지만, 이쯤 되면 차라리 편한 삶을 택하는 게 좋다.

'편하게 살자. 못 하겠으면 남의 손을 빌리거나 부탁을 하자. 할 수 있는 일만 즐기면서 살자.'

이렇게 내려놓으면 마음이 자유로워진다. 남에게 부탁하지 않겠다, 나이에 지지 않겠다고 마음먹으면 자신을 밀어붙이게 된다. 그것 또한 마음이 자유롭지 못하다는 증거다.

그렇게 될 바엔 '이제는 노력 안 할래.'라며 내려놓는 게 편하다.

몸이 생각대로 따라 주지 않아도 음악을 듣거나 노래하거나 책을 읽을 수는 있다. 뇌만 건강하다면 앉거나 누운 채로 즐길 수 있는 일을 찾아야 한다. 지금은 오디오북도 많이 나와 있으므로 읽고 싶은 책을 헤드폰으로 즐길 수도 있다.

동네를 산책하는 것도 좋다. 먼 거리가 아니더라도 다리나 허리를 단련하기 위해 좋아하는 장소나 코스를 지팡이라도 짚고 천천히 산책하는 것이다. 그래도 힘이 든다면 벤치에 앉아 쉬면 된다. 좋아하는 카페나 간식 먹을 수 있는 곳을 코스에 넣고, 거기에 앉아 한숨 돌리는 재미를 기대하며 나가도 좋다. 절대 무리하지 않겠다고 마음먹으면 할 수 있는 일은 의외로 무궁무진해진다.

그렇게 마음 가는 대로 자유를 지킬 수 있다면, 나이를 거스르지 않고 늙음을 받아들일 수 있는 인생도 전혀 나쁘지 않다. 나이는 숫자에 불과하다. 그때그때 상황에 맞게 어울리면 되는 것이다.

3장

마음은 신체보다
빨리 늙기 시작한다

솔직하게 마지막으로 설레본 적이 언제인가?
불쑥 화가 치민 적은 언제인가? 불의에 참지 못하고 따진 적은 언제인가?
오래전이라고 답한다면 당신의 나이를 불문하고
마음이 늙었다는 증거이다.
설렘으로 나이의 덫에 걸려 사그라지는 마음을 소생시켜 보자.

마음이 늙으면
설렘이 줄어든다

나이가 들었다고 느낄 때는 언제인가. 체력이 떨어지거나 운동 기능이 저하되었을 때인가? 아니다. 대부분 사람이 신체의 노화에 앞서 마음의 노화를 먼저 자각한다.

예를 들어 술을 좋아하는 남성이 친구에게서 "역 저쪽에 괜찮은 가게를 찾았어. 다음에 한잔하러 가자."라는 말을 들었다고 생각해 보자.

술을 좋아하지만 거기까지 가는 일이 문득 귀찮게 느껴진다.

특별히 바쁜 것도 피곤한 것도 아닌데 왠지 모르게 마음이 내키질 않는다.

"언제 갈래?"라는 친구의 물음에도 "조만간 가자."라며 두루뭉술하게 대답한다.

재미있어 보이는 영화, 좋아하는 작가의 신작…. 전에는 휴일만 되면 바로 목적지로 나갔을 텐데 '서두를 필요 있나?', '평판이 썩 좋지 않네.'라며 브레이크를 건다.

전에는 당장이라도 튀어 나갈 기세였다. 재미있겠다는 마음이 드는 순간 만족하든 실망하든 일단 행동에 옮겼다.

그런데 이제는 스스로 브레이크를 자꾸 건다. 이것은 마음의 브레이크다.

'어차피 별거 아닐 텐데.'

'지금 아니어도 언제든 갈 수 있지, 뭐.'

이런저런 핑계를 대는데 간단히 말하면 예전처럼 설렘이 솟구치지 않는 것이다.

전에는 어땠을까?

'재미있겠다.'

'좋겠다.'

'가 보고 싶다.'

이런 생각이 든 순간 이미 몸부터 움직였다. 마음이 설레면 억제하기가 힘들었다. 그만큼 마음이 젊고 자유로웠다.

그런데 이런저런 핑계를 들며 행동을 멈칫하는 이유는 그만큼 설렘이 줄어들었기 때문 아닐까? 마음이 늙으니 설렘이 사라지는 것이다.

전두엽을 살려야
설렘이 살아난다

뇌도 신체의 일부라 나이가 들면서 노화한다. 뇌 중에서도 특히 전두엽이라 불리는 부위는 노화가 빨리 시작되는데, 사람에 따라서는 40대쯤부터 기능이 점점 떨어진다.

전두엽이 노화하면 감격하거나 감동받는 감정의 변화가 적어진다. 쉽게 감정의 노화라고 하는데 바깥세상에 관한 관심이 줄어드는 것이다.

그러면 호기심이나 동경의 같은 마음의 설렘도 점점 사라진다. 설렘이 사라지면 여행을 하든 맛집을 가든 자신을 움직이게 만드는 힘도 줄어든다.

시간이 없다는 둥 피곤하다는 둥 자꾸만 변명을 대기 시작한다.

그러다가 '어차피 사람 많을 텐데.', '대충 무슨 맛인지 알겠는데.'라며 움직이지 않는 자신을 합리화하기 위한 핑계를 찾는다.

이러쿵저러쿵 말이 많아지지만 사실 가장 큰 원인은 설렘이 줄어들었기 때문이다. 전두엽이 젊었을 때는 '와, 가고 싶다.', '지금 당장 먹으러 갈래!'라며 설렘이 폭발했으니 뒤로 미룬다는 핑계가 끼어들 틈이 없었다.

이렇게 설렘이 줄어들면 마음의 노화가 시작된다.

'처음으로 겪는 일인데 두근거리지 않네.'

'요리도 그렇고 여행도 그렇고 먹어 본 메뉴나 한번 가 본 장소가 안심되지.'

기대했다가 실망하기보다는 어느 정도 결과가 보장되어야 안심하는 것이다. 예측할 수 없는 세계에 설렘을 느끼는 전두엽 기능이 떨어지면 아무래도 익숙한 세계를 고르게 된다.

회사원들이 점심 메뉴 고를 때가 그렇다. 젊을 때는 '오늘은 뭘 먹지?'라며 오픈한 가게나 평점이 좋은 가게, 줄 서는 가게에 부지런히 발품을 판다.

그런데 어느 정도 나이가 들면 점심 메뉴가 굳어진다. '○○집의 라멘'이나 '○○집의 튀김 메밀국수'라는 식으로 메뉴가 정해지고, 다른 가게에는 잘 가지 않는다.

'질리지도 않냐.'라며 쓴소리를 듣지만 익숙한 맛이 가장 맛있고 무난하다. 마음의 노화는 점심 메뉴에도 나타나는 것이다.

이해심이 많아졌다고
좋아하지 마라

마음의 노화가 느껴지는 것 중 하나가 협동심이다.

협동심에는 나쁜 이미지가 조금도 없다. 무엇보다 팀워크가 중요한 조직에서는 협동심이 꼭 필요하다.

자기주장이 강해서 팀에 갈등을 유발하거나 지시에 따르지 않는 사람은 조직에서 필요로 하지 않는다. 아무리 능력이 뛰어나더라도 독불장군이나 이기적인 사람으로 낙인찍히는 것이다.

여기에도 재미있는 점이 있는데 협동심은 종종 성장이나 성숙과 동일시된다.

"입사 초기만 해도 사사건건 트집을 잡더니 요즘엔 협동심이 좀 생겼더라."

"저 사람도 요즘에는 협조적이던데. 이제야 사람 됐네."

윗사람들은 조직에 적응한 부하를 이런 식으로 칭찬한다. 면접 자리에서도 협동심이 있는지 없는지는 중요한 사항이 된다. 협동심이 몸에 배었는지가 성장의 기준이 되는 것이다. 아무리 오래 일한 사람이라도 협동심이 없으면 출셋길이 막힌다. 그리고 중요한 프로젝트에는 참여시켜 주지도 않는다.

그런데 나이가 들수록 이 협동심은 자연스레 생긴다.

생긴다기보다는 자신을 스스로 자꾸 설득한다.

'이 나이에 이기적으로 행동하면 남들이 싫어하지.'

'나이도 들었으니 점잖게 해야겠다.'

이런 식으로 알아서 깨닫고 가족이나 주변 사람들에게 맞춘다.

그러면서 문득 이런 생각을 하며 고개를 끄덕거린다.

'나도 많이 유해졌네. 그만큼 나이를 먹었다는 건가.'

그런데 원래 하고 싶었던 일이나 주장하고 싶었던 것은 대체 어디로 갔을까?

만약 이런 것들을 마음 한편에 가두고 꾹꾹 누르고 있다면 자신이 부자유를 받아들였다는 것이다. 이런 부자유에 자연스럽게 익숙해지지 말자.

자신이 나이가 들었다고 실감하는 순간 마음의 노화는 급격히 진행하게 된다.

기존의 정해진 틀에서
벗어나지 마라

마음의 노화는 나이와 상관없이 시작한다.

뇌가 늙었을 리 없는 10대나 20대들도 마음의 자유를 봉인하려 할 때가 있다. 자기주장이나 의견을 속으로 삼키고, 하고 싶은 일이 있어도 꾹 참으며 주변에 맞춰 행동한다. 모두 다 마음의 자유를 묶으려는 행동들이다.

지금 생각해 보면 학교 교육 자체가 마음의 자유를 억눌렀던 것 같다. 친구들과 두루두루 잘 지내는 아이는 착한 아이, 부모님과 선생님이 시키는 대로 하면 착한 아이, 무리 안에서 튀지 않고 사회의 도덕을 지키는 아이는 착한 아이…. 그런데 안타깝게도 이 흐름은 대학에 들어가서도 이어진다.

고등 교육은 원래 그때까지 배운 지식을 바탕으로 스스로 생각하고 추리하고 또 시험하는 학생을 길러내는 것이 목적이다. 그런데 대학생이 되어도 여전히 위에서 주입하는 이론이나 학설을 고스란히 외운다. 아무리 자유로운 발상을 해도 이론이나 학설에서 벗어나면 제대로 평가받지 못한다. 그로 인해 마음의 자유를 억누른 채로 사회에 나가는 것이다.

사회에 나가면 이번에는 협동심을 운운하니, 여기서도 상사나 동료의 눈치를 보며 주변에 맞춰야 오래 살아남는다. 이러니 세상의 풍조나 상식을 따를 수밖에 없다. 동조 압력에도 간단히 무너지는 것이다.

주변에 맞춰 틀에서 벗어나지 않는 한 안전하다. 아무에게도 비난받지 않고 튀는 일도 없다. 무의식중에 안전한 선택을 하는 것도 마음의 노화가 나타났다는 증거로 보인다.

왜냐하면 설레거나 두근거리는 일이 없다는 뜻이기 때문이다.

'이 말을 하면 다들 비난하겠지?'

'그래도 공감해 줄 사람이 한 명은 있지 않을까?'

이 두 질문 중 어느 쪽이 더 설레는가. 분명 자기 생각을 얘기할 때 마음이 설렌다. 그런데 마음이 늙으면 그렇게 설레는 일을 피하려고 한다. 주변의 시선을 의식하고 안전함과 편안함을 추구하기 때문이다.

나이의 주박에
붙들리기 쉬운 사람

나이가 많아질수록 사람들은 익숙한 세계를 고른다. 식당에 갔을 때 처음 보는 요리와 익숙한 요리가 메뉴에 있으면 익숙한 쪽을 선택한다. 양념이나 재료, 맛을 알아야 안심이 되기 때문이다. 그 덕분에 맛이 없어 못 먹을 일은 없다.

여행이나 독서도 마찬가지다. 들어 본 적 없는 장소보다는 몇 번 가 봤던 관광지나 전국적으로 유명한 지역과 온천을 고른다. 독서할 때도 익숙한 작가나 좋아하는 장르의 책만 고른다.

크게 기대를 벗어나지 않으리라는 사실을 알기 때문이다.

그런데 같은 고령자라도 젊게 사는 사람들은 다르다.

결과를 아는 세계보다 예측할 수 없는 세계를 더 선호한다. 예를 들어 다 같이 식사하러 갔을 때 처음 보는 메뉴를 발견하면 '이

건 뭐지? 먹어 볼까?'라며 흥미를 느낀다.

주변에서 "시키지 마. 남기면 아깝잖아."라며 나무라도 "그럼 같이 먹어 줘."라고 유쾌하게 답한다. 결과는 물론 다양하다. 생각지 못한 맛을 만나 기뻐할 수도 있고 입에 맞지 않아 후회할 때도 있다.

그래도 이런 사람들은 굴하지 않는다.

비슷한 상황이 오면 또 새로운 메뉴에 도전한다. 여행이나 독서나 패션에서도 마찬가지다. 익숙한 안정감보다 미지의 경험이나 세계를 더 흥미로워한다. 매사에 두근두근 설레는 쾌감을 즐기는 것이다.

고령자들에게만 국한된 이야기가 아니다. 나이와 상관없이 결과가 보이는 안정적인 선택을 하는 사람이 있는가 하면 예측할 수 없는 세계를 선택하는 사람도 있다. 이런 소소한 데서 마음이 젊은지 늙었는지 나타나는 것 아닐까?

아무리 나이가 어려도 결과를 예측할 수 있는 안정적인 선택을 하는 사람은 이미 마음의 노화가 시작되었을 가능성이 크다. 그런 사람들은 나이가 들수록 '나도 벌써 일흔이 넘었네.'라며 나이를 의식한다. 그리고 나이에 맞는 분별이나 차분함을 강요하며 호기심을 억누르고 자신의 소망은 가둬 버린다. 그런 사람일수록 나이의 주박에 붙들리기 쉽다.

왜냐하면 나이는 가장 확실한 현실이기 때문이다.

도전해 보고 싶은 일이 있어도 실패를 걱정하며 멈추지 말자. 결과를 예측할 수 없는 세계에 발을 들이는 용기가 필요하다. 마음이 간절히 원한다면 '내가 지금 이 나이에?'라는 말은 필요 없다. 아무리 나이가 확실한 현실을 알려 주더라도 절대로 굴복해서는 안 된다.

실패해도
변하는 건 없다

소문난 맛집에 갔는데 '기대만큼은 아니던데.', '예상이랑 달랐어.'라며 실망하는 사람이 있다.

그런 기대나 예상은 어디에서 왔을까? 대부분 맛집 사이트에서 평점을 확인하고 리뷰가 좋은 가게나 인기 레스토랑을 선택했기에 그만큼 충족해 줄 것이라는 믿음을 가졌기 때문이다. 사람이 북적거릴 수도 있고 줄을 서서 기다려야 할 때도 있지만 자신의 선택이 옳았음을 믿는다.

'역시 인기 많네.'

고개를 끄덕이며 자리에 앉자마자 메뉴 선택도 거침이 없다. 정보를 미리 알고 왔기 때문이다. 여기까지는 모두 예상한 범위 안에서 일어나는 일이다.

그런데 실제로 음식을 먹어 보고 기대에 못 미치거나 예상과 다르면 왠지 속은 듯한 기분이 든다. '오래 기다렸는데 겨우 이거야?'라는 생각이 드니 화가 치밀어 오른다.

아니면 먹어 봤더니 정말 맛이 있었다고 하자.

그때는 '오, 역시 인기 있는 가게는 다르네.'라며 만족스럽게 고개를 끄덕인다.

그런 흐름 속에서 과연 긴장되거나 두근거리는 쾌감을 맛볼 수 있을까? 혹은 맛있는 메뉴를 발굴해 낸 기쁨이 있을까?

'그럼 그렇지.'

'뭐, 이 정도구나.'

그냥 무덤덤하게 감정이 흐를 뿐이다.

하지만 '이 가게 왠지 궁금한데?'라며 아무런 정보 없이 자신의 감을 믿고 가게에 들어가면 어떨까? 맛이 전혀 예측되지 않기에 요리가 나올 때까지 긴장된 마음으로 기다린다. 눈앞에 음식이 놓이면 설렘은 더 커진다. 실제로 먹어 보고 맛있으면 '성공!'하고 쾌재를 부를 수도 있다. 뭐니 뭐니 해도 자신의 직감이 적중했으니 '내가 맞았지!'라며 뿌듯해하는 것이다.

반면, 맛이 없으면 어떨까?

별것 없다. 맛있다는 정보를 미리 갖고 있지 않았으니 '이번에는 꽝이었네.'라며 포기할 뿐이다. 심하게 맛이 없을 때는 '살면서

이렇게 맛없는 음식은 처음 먹어 보네.'라며 고개를 절레절레 흔
드는 것도 좋은 경험이다. 멋쩍은 미소를 남기고 거기서 끝이다.
적어도 속았다며 화를 내는 일은 없다. 큰 기대를 하지 않고 고른
가게니까 그럭저럭 괜찮기만 해도 기분이 좋아지는 것이다.

이제 와서
무슨 나이 타령이야

나이가 들수록 점점 안전하고 안정적인 선택만 하는 것은 그만큼 경험치가 쌓였기 때문이다.

'젊었을 때는 깊이 생각하지 않고 행동으로 옮겼는데.'

'그때그때 기분에 따라서 선택했는데.'

사람들은 자신이 살아온 한때를 떠올리며 반성한다.

하물며 고령이 되면 어떨까. '추한 모습 보이기 싫다.', '비웃음을 당하고 싶지 않다.'라는 마음이 강해지기 때문인지, 그때의 기분에 따라 선택하거나 움직이는 일에 왠지 모를 부끄러움을 느낀다. 실수하거나 실패하는 모습을 보이기 싫은 것이다.

이게 큰 착각인데 다음 두 가지 이유가 있다.

"자신의 생각만큼 경험치가 쌓여 있는가?"

"즉흥적으로 움직이는 것이 과연 부끄러운 일인가?"

이 질문에 '내 나이 여든에 산전수전을 다 겪어 왔는데. 지금 와서 실패하면 너무 창피하잖아.'라고 생각하는 사람도 있다.

그러나 이 사람이 정말 산전수전을 겪어 왔을까? 앞서 설명했듯이 30대나 40대, 때에 따라서는 10대나 20대 때부터 안정적이고 안전한 길을 택하지는 않았을까? 가끔 하는 실패 때문에 점점 무난한 길만 선택하며 살아온 건 아닐까? 취업이나 회사도 그렇고, 즐기거나 취미 생활을 하는 마음 편한 세계에서도 '이게 더 안정적이고 크게 실패하지 않을 것 같은데.'라는 기준으로 선택했던 건 아닐까?

분명히 말하지만 아마 위험 부담이 엄청난 일은 하지 않았을 것이다. 실패 경험이라고 해 봤자 웃고 넘길 만한 이야기뿐일 것이다.

그런데 나이를 의식한 순간, 갑자기 자신은 산전수전을 다 겪은 사람이 되고 이제 와서 추한 모습을 보이기 싫다고 한다. 사실 이것도 나이의 주박이다.

도전해 보고 싶거나 흥미가 느껴지는 세계를 만나도 스스로 브레이크를 거는 것은 아무리 생각해도 부자연스럽다.

오랜만에 나이를 잊을 만큼 설렘을 느꼈는데 굳이 나이를 꺼내들며 왜 자신을 구속하는 걸까? 스스로 나이 타령을 하는 게 더 이상하다.

실패를 창피해하는 건
호들갑이다

　해외 여행하기, 만져본 적도 없는 악기 연주에 도전해 보기 등 무슨 일이든 즉흥적으로 기분에 따라 움직일 수 있는 사람은 마음이 젊은 사람이다.

　즉흥적인 기분으로 움직일 때도 마찬가지다.

　고령이 되면 아무래도 시간이 여유롭다. 현역 시절처럼 바빠서 못한다는 제약은 없다. 지금까지 자신을 가로막은 제약에서 벗어나 좋아하는 일을 해도 되는 시기다.

　그런데 만약 실패했다 해도 크게 타격을 받는 일이 있을까?

　해외에 나가면 음식이 맞지 않아 끙끙 앓아누울 수도 있다. 피아노를 배워 봤는데 초등학생과 같이 발표회에 나갔다가 웃음거리가 될 수도 있다. 겨우 그 정도 아닐까? 일은 뒷전에 두고 놀기

만 한 것도 아니고, 고작 '나이를 좀 생각해.'라며 웃고 넘어갈 수 있는 정도다.

그 정도의 일을 가지고 실패하면 창피하다고 생각하는 이유는 무엇일까?

젊은 시절부터 꾸준히 안전하고 안정적인 길만 골라서 해 왔기 때문일 것이다.

그렇게 사리 분별이 확실한 사람이 70, 80대씩이나 되어 아이들처럼 실패한다고? 아무리 생각해도 창피해서 주변에 알리고 싶지 않을 것이다. 그런 마음이 드는 것은 나이를 자꾸 의식하기 때문이다.

하지만 70, 80대씩이나 되어 아이들처럼 실패할 수 있다는 것은 마음이 젊다는 뜻이다.

창피하기는커녕 가슴을 펴고 당당하게 말해도 좋다.

실패하더라도 웃고 넘길 수 있는 나이다.

"자꾸 나이를 까먹네."라고 웃어넘기면, 주변 사람들도 "나도 도전해 볼까?"라며 재밌어할 수 있다. 나이가 들었을 때는 오히려 실패를 즐기자는 식으로 마음을 내려놔야 인생이 유쾌해진다. 젊은 시절에는 하고 싶어도 하지 못했던 일을 가벼운 마음으로 즐길 수 있다.

공상은 노화 예방에
귀한 소재다

아무리 나이가 들어도 즉흥적으로 행동하거나 계획만 세우는 일이라면 누구든지 할 수 있다.

젊은 시절에 포기했던 일을 해 봐도 좋고, 많은 돈을 들여 사치를 부리는 일도 계획 정도는 해 볼 수 있다.

그렇다면 우선 계획부터 세워 보자.

실현 가능성까지는 생각하지 않아도 된다.

가능성을 따지면 불가능한 이유부터 생각난다.

'체력이 부족하다.'

'기억력이 떨어진다.'

'지병이 걱정이다.'

'돈을 낭비한다.'

이러한 마이너스 요인이 꼬리에 꼬리를 문다.

그러면 결국 '역시 무리였어.'라는 결론에 빠르게 도달한다. 그 시점에서는 계획을 짜는 것도 허무해져 그만두게 된다.

그런데 계획 단계에서 마이너스 요인을 들면 어떤 계획이든 '어차피 무리'라는 결론으로 끝난다. 무슨 계획을 세우든지 '내 나이가 몇인데.', '할 수 있을 리가 없지.'라며 곧장 스스로 포기해 버리게 된다.

그러면 어떻게 될까?

계획조차 세우지 못하고 마음이 설레거나 두근거리는 일도 사라져 버린다. 상상이나 생각의 자유조차 잃어버리게 되어 삶의 즐거움을 놓친다. 몸이 아무리 불편해도 생각은 자유인데 그 최소한의 자유조차 스스로 놓아 버리는 것이다.

그러면 마음이 자유로워지는 시간도 사라진다. 항상 닫혀 있는 상태가 된다.

그게 노인성 우울증으로 이어진다는 건 강조하지 않아도 상상할 수 있을 것이다.

과거를 돌이켜봐도 마찬가지다.

나이가 더 많이 들어 눕거나 앉아 있는 시간이 늘어나면, 깜박 졸기도 하고 멍하니 있는 시간이 많아진다.

그럴 때도 옛날 일이나 행복했던 시절을 떠올리고, 그 추억을 느긋하게 즐길 수 있는 사람은 행복하다. '그 시절로 돌아가고 싶다.'라는 마음이 드는 것도 자연스럽다.

그런데 그럴 때도 '이제 와서 옛날 일 생각해서 뭐 해.'라며 추억에 잠기는 일조차 꺼리는 사람이 있다. '현실을 봐야지.', '잠만 자기보다 몸을 움직이는 게 중요해.'라며 자신에게 혹독한 사람이 있다. 맞는 말일 수 있지만 추억을 떠올리며 여유를 즐기는 마음의 자유 정도는 허락해도 되지 않을까? 나이가 들어 거동이 불편해지면 공상의 세계에서 놀아보는 것도 자신만의 귀중한 시간이 될 수 있다.

제약으로
우울해지지 마라

생각이나 공상의 자유까지 스스로 멀리하면 무엇이 남을까?

몸이 불편해지면 행동반경도 점점 좁아진다. 항상 집에서 가족의 눈이 닿는 범위 안에 있어야 안심이 된다고 하더라도 자신이 즐겁지 않으면 인질이나 마찬가지다.

그러면 마음은 더 울적해진다.

외부에서 받는 자극도 없으니 인지 기능도 떨어진다. 가장 걱정되는 것은 노인성 우울증이다. 고령자의 우울증은 가족이나 주변 사람들 눈에 치매나 멍하니 있는 것으로 비추어진다. 그걸 전부 다 나이 탓으로 치부하는 일도 많다.

노화는 병이 아니지만 우울증은 명실상부한 병이다. 노화를 약으로 멈출 수는 없지만, 우울증은 병이니까 정신건강의학과에서 진단받고 다양한 치료를 시도해야 한다. 그대로 두면 죽음에 이를 수도 있는 무서운 병이라는 사실을 분명히 인식하자.

마음의 건강을 되찾는 간단한 방법은 외출과 대화다. 햇볕을 쐬면서 친구들과 수다를 떨고, 단골 가게에 가서 차를 마시고, 케이크도 먹고…. 그렇게 활기찬 시간을 보내는 것이 가장 좋다.

거기서 서로 이런저런 계획을 이야기하거나 즐거웠던 일을 도란도란 나누면, 적어도 마음만은 젊어진다. 훨씬 가볍고 밝아지는 것이다.

4장

꼰대의
정체

나이는 값으로 매길 수 없는 자산이다.
그래서 사회도 제도적으로 나이 많음을 우대해 주지만
달가워하지 않는다. 특히 격차가 큰 세대는
나이 먹은 사람을 부담스러워한다.
불편한 시선으로 바라보는 것이다.
여기서 탈피하는 방법은 무엇일까?

나이 자랑하는 그룹을
멀리하라

동창회에서 친구들이 모이면 꼭 나이 이야기가 나온다.

동창생들이니 당연히 나이는 대부분 같다.

그런데 생일이 지났느니 어쩌니 하며 만 나이로 따지는 친구들이 있는데, 따져 보면 한두 살 정도 차이가 나기도 한다.

이상한 이야기 같지만 이 차이를 유독 강조하는 사람이 있다.

"내가 지난달에 여든이 됐어. 아직 건강하기는 하지만 언제 무슨 일이 생겨도 이상하지 않을 나이지."

아직 생일이 지나지 않아 79세인 사람을 앞에 두고 고작 한 살 많다며(정확히 따지면 몇 개월이나 며칠일 때도 있다) 거드름을 피운다.

동창회가 이 정도인데 다양한 연령대가 모이는 모임은 굳이 더 말할 필요가 없다. 70세는 60대에게, 80세는 70대에게, 90세는 80

대에게 뻐긴다. "아직 젊어서 참 부럽다."라며 저자세를 취하면서
도 한편으론 "너희도 내 나이 돼 봐."라며 은근한 우대를 요구한
다. 이런 사람은 굳이 상대하지 말자.

단순히 나이가 들기만 한 사람이 고령자라면 지금 이 세상은 고
령자 천지다. 나이로 우쭐대 봤자 100세 앞에서 주름잡는 꼴이다.
몇 살이 됐든 간에 마음이 젊은 사람은 자신의 나이를 머리에서
제외하고 살기 때문에 애초에 나이 이야기를 꺼내지도 않는다.

하고 싶은 일을 하며 인생을 즐기는 고령자에게 "그런데 연세
가 어떻게 되세요?"라고 물으면 "응? 여든이 된 건 기억이 나는데,
지금 몇 살이더라? 85인가? 벌써 이렇게 됐네."라며 스스로 감탄
하는 듯한 대답이 돌아온다. 그 정도로 나이를 생각하지 않는다.

나이를 부끄러워하는 사람도 있다.

"벌써 88이에요. 나이도 먹을 만큼 먹었는데 뭘 하고 있는지 모
르겠네요."

그러면서 멋쩍은 듯 웃는다. 나이에서 자유로운 사람은 전혀
나이에 얽매이지 않는다.

그에 비해 스스로 나이 이야기를 꺼내거나 나이가 많다는 이유
로 거드름을 피우는 사람은 실감이 나지 않는 나이에 사로잡혀 살
아간다는 뜻이다. 그런 사람이나 그룹은 멀리해도 된다.

'나잇값 못 하는 사람'이
부러움의 대상인 시대가 왔다

적지 않은 나이에도 젊은 사람들이랑 똑같은 패션을 즐기는 사람이 있다. 여성이든 남성이든 이제는 특별한 일도 아니다. 머리를 물들이고 캐주얼한 가방을 메고 화려한 선글라스를 쓰는 고령자가 있다 해도 그리 놀랍지 않고 이상한 눈으로 보는 사람도 없다. 이제는 그런 시대가 되었다.

그런데 예전에는 달랐다.

'뭐 저렇게 하고 다녀.'라며 주책맞다는 둥, 나잇값 못 한다는 둥 따가운 눈총을 보내던 시절이 있었다.

'안 창피한가?'라며 손가락질하는 사람도 있었다.

그런데 그렇게 꾸미는 고령자들이 늘어나니 이제는 개성 있는 자기 표현으로 보인다. 그래서 이번에는 '나도 한번 해 볼까?'라고 생각하게 된다. 예를 들어 오랜만에 만난 옛 친구가 청바지에 새빨간 폴로셔츠, 거기에 선글라스까지 끼고 나왔다면 자신의 옷차림과 비교한다.

'나랑 동갑인데 이 나이에도 생각보다 잘 어울리네. 배가 살짝 나왔지만 청바지도 썩 괜찮은데?'

친구는 생글생글 웃으며 기쁘게 이야기한다.

"올여름에는 차를 갖고 캠핑하면서 홋카이도를 한 바퀴 돌았어. 무척 재미있었어. 나보다 나이 드신 분들도 엄청 많더라."

그런 이야기를 들으면 나이 때문에 수수하게 차려입은 자신이 부끄러워진다.

아무리 봐도 더 나이 들어 보이고 광채도 없다.

예전 같았으면 나잇값 못 한다며 눈총을 받던 사람이 더 스스럼없이 즐겁게 살고 있다는 사실을 인정할 수밖에 없다. 눈총은커녕 부러울 따름이다.

나잇값 못 하는 사람이 왜 더 멋있어 보이는 걸까?

그것은 자유로워 보이기 때문이다. 타인의 눈치를 살피지 않고 자신이 하고 싶은 일을 하니까 즐겁다. 그 행복하고 편한 기분이 표정으로 드러나면 누구든 귀엽고 발랄해 보인다.

나이에 얽매인 사람에게는 이 귀여움이나 발랄함이 없다. 그러니 그렇지 못한 사람이 보기에 부러운 건 당연하다. 이제 알았으니 당신도 나이에 맞는 인생보다 '나잇값 못 하는 인생'과 생활 스타일을 추구해 보자. 패션이나 취미에만 한계를 두지 말고 오락도 공부도 모두 도전해 보자. "이제 와 무엇 때문에?", "이 나이에?"라는 질문은 뒤로 미루고 그동안 포기했던 일이 있다면 "바로 지금 하겠다!"라고 외치자. 앞으로 펼쳐질 일에 기대가 점점 부풀어 오를 것이다.

자신보다 나이 많고
건강한 사람과 어울려라

어느 70대 여성이 말했다.

"나보다 나이가 많은 분이 젊음을 나눠 주셨어."

어린 사람들이랑 어울리면 기분이 화사해지는 건 맞지만, 아무래도 내가 상대보다 나이가 들었다는 걸 의식하게 된다. 그런데 나보다 나이가 훨씬 많은데 밝고 활기찬 사람이랑 어울리면 자기 나이를 잊어버리게 된다.

왠지 이해가 간다.

아마 70세를 넘은 사람들은 비슷한 경험이 있을 것이다.

취미나 공부 모임에 나갔는데, 거기에 자신보다 젊은 사람이 많으면 '따라갈 수 있을까?'라는 생각에 괜히 불안해진다. 그런데 나이가 훨씬 많은 사람이 섞여 있으면 왠지 마음이 놓이고 용기가

생긴다.

'내 페이스대로 하자. 2년 코스를 5년 걸려서 해도 되니까.'

이렇게 생각하면 마음에 여유가 생긴다.

자신보다 나이가 많은 사람과 같이하면 괜히 어린애가 된 것 같아서 오히려 부담이 사라지고 마음이 편해지기도 한다.

게다가 그 연장자가 활기차고 생기 넘치는 사람이라면 '이런, 나도 아직 젊잖아.'라며 힘을 받는다.

꿈이나 계획을 털어놓으면 "아직 젊으니까 다 해 봐."라며 응원해 주고, "지금은 뭐든지 다 편리해졌으니까 할 수 있어."라며 위로해 준다. 그리고 "조금만 더 어렸으면 나도 해 보고 싶었을 거야."라며 부러워한다. 이렇게 되면 당신도 용기가 생긴다. '그렇구

나. 나는 이제 막 일흔인데, 뭐.'라며 스스로 격려하게 된다.

나이가 많지만 젊게 사는 사람은 대부분 마음의 자유를 가지고 있다.

내게 정신 분석을 가르쳐 주신 도이 다케오 선생은 89세에 타계했는데, 말년에도 학회의 권위나 정설을 비판하고 "평가는 사후에 정해지는 거야."라며 비판을 두려워하지 않았다. 그리고 더 발전적인 연구에 몰두했다.

그리고 내가 존경하는 요로 다케시 선생도 85세가 넘은 나이에 소년처럼 곤충 채집에 정열을 쏟았다. 세상의 권위나 상식에 맞서 이의를 제기하고 하고 싶은 일에서 마음의 자유를 마지막 순간까지 잃지 않았다.

이런 건강한 선배를 맞닥뜨린다는 것은 인생의 행운이다. 마음이 회춘할 기회를 선물 받은 셈이다.

나이보다
사람이 먼저다

저명인사가 세상을 떠나면 반드시 나이와 사인이 기사화된다. 일반 사람들도 누가 사망했다고 하면 먼저 나이(향년)와 사인을 알고 싶어 한다.

'몇 살이었을까?'

'무슨 병이었을까?'

수필가 시모주 아키코 씨는 본인보다 어린 지인의 부고에 쓰인 사인이 '노쇠'라는 걸 보고 '골치 아프게도 써 놨네.'라며 한탄했다.

자신보다 더 어린 나이에 세상을 떠난 사람이 노쇠라니. 죽음과 연관된 다른 병이 발견되지 않았더라도 '자연사'나 '알 수 없음' 등 다르게 표현해도 괜찮을 텐데, 억지로 사인을 특정해서 노쇠라고 하는 건 잔인하다는 취지였다.

그 마음이 충분히 이해가 간다.

누군가 세상을 떠났을 때 몇 살이었는지, 왜 사망했는지 분명하게 알지 못하면 직성이 풀리지 않는 세상이다. 하지만 한 사람한 사람 삶이 모두 다른 것처럼 죽음도 모두 다르다. 어떻게 살았는지가 중요하지 몇 살에 죽었고 왜 죽었는지는 별 상관없지 않은가. 수명이 다했을 뿐이다.

살아 있는 동안 따지는 나이도 마찬가지다. 일흔이니까 식습관을 바꿔라, 75세를 넘었으니까 고령자다, 여든이면 이제 슬슬 치매 증상이 나타날 것이라는 등 나이에 끼워 맞추는 모든 현상은 의미가 없다. 그 사람이 하루하루를 어떻게 살고 어떤 삶을 즐기고 있는지가 중요하다. 체력이 떨어지거나 건강이 불안하면 본인 나름대로 노력해 할 수 있는 일에 최선을 다하면 된다. 그렇게 살다가 어느 시점이 되면 자연스럽게 자신이 늙었다는 걸 실감하게 될 때가 온다.

그 순간이 찾아오는 나이도 사람마다 천차만별이다. 건강할 때는 나이를 잊어버리고 하고 싶은 일을 하면 되고, 나이 들었다는 게 느껴지면 그때 가서 '이제 그럴 나이니까.'라고 인정하면 된다.

적어도 오지도 않은 현상이나 증상을 들먹이며 미리부터 '벌써 내 나이가 이렇게 됐네.'라며 자신을 구속할 필요는 없다.

어디까지나 나이보다 사람이 먼저다.

상대의 나이는
무용지물이다

고령이 되면 상대방의 나이를 신경 쓰지 않아도 되니 편하다.

직장에 다닐 때는 그러지 못했다. 50대까지는 아무래도 업무상 사람들과 어울리는 일이 잦다. 상대방의 나이가 자신보다 적은지 많은지는 최소한 구분해 둘 필요가 있었다. 화젯거리를 고를 때도 신경을 썼다.

하지만 현역을 은퇴하고 업무 외로 사람을 만나는 일이 잦아지면 이제 상하 관계는 사라지고 그런 형식적인 일에 개의치 않게 된다.

같이 있을 때 즐거운 사람과 어울리면 되니까 나이는 별로 신경 쓰이지 않는다. 자신보다 나이가 많건 적건 같은 주제로 대화의 꽃을 피울 뿐 말투에도 크게 신경 쓰지 않는다.

물론 최소한의 예의는 지켜야 하지만 그건 서로 조심하면 된다. 같이 있을 때 즐거운 사람은 나이가 아무리 많더라도 무시하는 듯한 말투를 쓰지 않는다. 이쪽 역시 아무리 친해져도 말은 조심해서 하도록 항상 유의한다.

이거면 충분하지 않을까?

서로 예의만 지킨다면 거리낌 없이 하고 싶은 말을 털어놓을 수 있다. 마음의 자유를 가로막는 것이 없으니 즐겁다.

생각해 보면 이런 인간관계는 흔히 있을 법하면서도 없었다.

학생 시절이나 20, 30대 때는 선후배 관계에 얽매인다. 상대가 연상인지 연하인지에 따라 태도나 말투뿐 아니라 자신의 의견을 바꾸기도 한다. 그런 것은 모두 마음이 자유롭지 못한 인간관계에서 나타나는 현상이다.

그런데 이제는 같이 있으면 즐거운 사람과 만나면 되니까 마음의 족쇄가 풀렸다.

이때도 나이의 주박에 얽매인 사람은 상대방과 자신의 나이를 비교한다.

고작 몇 살 어린 상대방에게 "너도 이제 나이든 게 느껴질 거야."라며 거드름을 피우고, 나이가 더 많은 상대를 보면 "젊어 보이려고 엄청 애쓰는 거겠지?"라며 혀를 찬다. 어떻게든 나이를 인간관계에 끌어들이려는 수작이다.

미움받는 꼰대는
되지 말자

참 이상하다.

이제 상대의 나이를 신경 쓰지 않아도 되는 인생을 맞이하게 됐는데 왜 굳이 자신이 나서서 자유롭지 않은 인간관계를 만들까?

만약 자신보다 젊어 보이는 사람이 사실은 나이가 더 많다는 걸 알아도 딱히 존경심이 생기지 않는다. 방금 말했듯이 '무리하는 거겠지?'라거나 '젊게 보이려고 애쓰네.'라는 생각만 한다. 다시 말해 경멸감이나 어색함을 느낀다는 것이다. 프롤로그에서 여성의 나이를 따지는 남성의 이야기를 소개했는데, 나이의 주박에 사로잡힌 사람들에게는 그런 경향이 있다. 그런 남자와 자기 시간을 할애해 사귈 필요는 없다.

상대가 자신보다 젊다는 걸 알면 어떻게 될까?

이번에는 거들먹거리고 싶어진다. 상대방의 의견이나 생각은 이해하더라도 자신이 연장자이니 과시하고 싶어지는 것이다. 이 것도 이상한 심리다. 나이가 무슨 대수인가.

나이에는 상하 관계가 있다.

나이 많은 게 더 위라는 이미지를 가진다.

'나이가 어린 사람은 자신보다 연장자를 공경해야 한다.'

이 장유유서는 유교에서 가르치는 도덕 중 하나지만 자신이 상대보다 나이가 많다는 걸 알고 우쭐대는 심리는 유교 사상과 다르다. 단순히 나이가 많다는 이유로 상대를 깔아뭉개려는 것이다. 나이 많은 것을 무기로 생각하면 그저 외곬수 고집 센 고령자가 될 뿐이다.

그 결과, 사람들에게 미움을 받는 꼰대가 탄생한다.

5장

늙은 고독에는
불행만 있을까

나이든 사람이 고독하다는 편견은 사라져야 한다.
이를 위해 우리가 노력해야 하는 부분도 있다.
나이는 핑곗거리 마련을 위한 도구가 아니다.
기꺼이 사회에 편승해 문화를 즐기고 향유하고 누려야 한다.
이왕 나이 들었으니 '오늘'을 선물 받았다는 느낌으로 살아보자.

인간관계는
마음의 족쇄가 되기도 한다

　지금까지 자유를 추구하는 마음이 중요하다고 설명했다.

　부자유를 받아들이면 마음이 항상 울적하고 노화가 더 빨라진다. 그러므로 자유를 찾는다는 것이 얼마나 큰 기쁨인가.

　하지만 현실적으로는 해방된 마음이 오히려 기댈 곳 없는 불안감을 불러오기도 한다. 계속 자유롭지 못한 상황을 받아들이고 거기에 익숙해진 사람들은 오히려 그게 더 안심되기 때문이다.

　예를 들어 그룹이나 집단이 그렇다.

　학생 시절에는 같은 반이나 동아리, 사회에 나가면 오래 일했던 직장이 자신의 안식처가 되고 그곳에 가면 왠지 마음이 놓인다. 사람들에게 맞춰야 한다거나 하고 싶은 말을 참아야 할지언정 답답함을 느낄 수는 있어도 외톨이는 되지 않기 때문이다.

하지만 속으로는 어쩔 수 없다며 포기하는 마음도 있다.

마음대로 움직이지 못하거나 성향이 맞지 않는 사람이 있더라도 어쩔 수 없다고 생각하는 것이다. 그렇게 포기하는 이유는 직장처럼 간단히 빠져나갈 수 없는 집단에 속해 있기 때문이다.

생계가 걸려 있는 회사를 귀찮다는 이유로 쉽게 나갈 수 있을까? 이직이나 퇴직도 막상 실행하려고 하면 큰 결단이 필요하다. 또 새로운 집단으로 들어가 처음부터 다시 시작해야 한다면 그게 더 귀찮다.

그런 의미에서 정년퇴직이란 매우 편리한 제도다. 오래 소속되어 있던 조직에서 아주 자연스럽게 빠져나가는 수단이기 때문이다. 제도로 정해져 있으니 결단을 내릴 필요나 번거로운 일을 할 필요도 없다. 65세가 되면 계속 부자유를 강요해 왔던 인간관계에서 자동으로 빠져나와 자유로워질 수 있다.

이때 안식처를 잃은 느낌을 받는 사람이 있다. 바로 부자유에 익숙해진 사람들이다. 바꿔 말하면 마음에 찬 족쇄에 매우 확실히 길든 사람이다.

진정한 자유가
노화를 좌우한다

직장에는 긴 세월 동안 쌓아 온 인간관계가 있다.

아침부터 저녁까지 쭉 이어지는 데다가 상하 관계이기도 하니 틀림없이 마음이 압박된 상태였을 것이다.

그런데 정년이 되면 한순간에 싹 사라진다.

동시에 할당량이나 책임감도 사라진다. 이런 것들도 마음에 압력을 가했던 것들이기 때문에 어마어마한 해방감이 생길 것이다.

물론 일을 더 하고 싶은 사람은 계속할 수 있다. 재고용이든 재취업이든 70대가 되어도 일을 계속 이어간다.

하지만 그때는 새로 생기는 인간관계나 할당량, 책임감의 정도가 예전에 비하면 확연히 줄어든다.

그만큼 자유로워질 수 있다.

그런데 그 사실을 깨닫지 못하고 안식처가 사라졌다는 불안감에만 사로잡히는 사람이 있다. 어쩌면 그런 사람이 더 많을지도 모른다.

아무래도 행동의 반경이 줄어드니 조금 자유롭지 않은 것도 사실이다.

'체력이 떨어져 행동반경이 줄어들었다.'

'건강 검진을 받았더니 수치가 높게 나와서 식사를 제한하거나 약을 먹는 일이 늘어났다.'

'귀가 잘 들리지 않거나 시력이 떨어져 생활이 불편해졌다.'

얘기하자면 끝이 없지만 신체적 노화는 갑갑함을 느끼게 하는 경우가 많다.

그러면 아무래도 틀어박혀서 생활하게 된다. 조금도 자유롭지 않은 것 같다.

그런데 그런 것들은 모두 신체의 부자유에 속한다. 90대 나이에 신체의 부자유를 제대로 실감한다면 몰라도 아직 건강한 70대에 '벌써 일흔이 넘었네.'라며 늙음을 한탄하며 살게 된다. 나이의 주박, 마음의 노화에 사로잡히게 되는 것이다.

지금까지 자신을 속박해 온 조직이나 인간관계에서 벗어났다면, 그것만으로도 해방감을 마음껏 느껴 보자. 크게 발돋움하면서 "오늘부터 자유다!"라고 소리쳐도 좋다.

사소한 몸의 부자유가 늘어났다 해도 그보다 훨씬 큰 자유를 얻었으니 우선 기뻐하자. 그런 마음을 가진다면 '자, 이제부터 뭘 할까?'라며 설레기 시작할 것이다. 그렇게만 해도 마음이 젊음을 잃지 않고 살아갈 수 있다.

일할 수 있는 동안에
일하는 행복

정년을 맞이해 직장을 떠나는 것을 대부분은 '별 수 없지 않은가.'라고 받아들인다. 제도가 그러니 별 수 있나, 조직이 젊어져야 하는데 별 수 있나, 노인들이 계속 위에 눌러앉아 있으면 젊은이들이 성장할 수 없는데 별 수 있나…. 아무튼 정년제도 자체는 별 수 없으니 받아들여야 한다.

하지만 법에서 정한 정년의 나이가 너무 이르다고 생각하는 사람도 많다. 아직 더 일할 수 있다는 생각이다.

딱히 조직에 달라붙어 있겠다는 마음이 아니라 순수하게 일하고 싶은 마음이다.

이게 꼭 경제적인 이유라고 단정 짓는 건 아니다. 확실히 연금으로만 생활하기에는 불안한 면도 없지 않다. 각자의 여러 사정이 있지만 아직 몸도 팔팔하고 건강하니까 빈둥빈둥 노는 게 싫다는 사람도 꽤 많다.

그런 마음은 남성이든 여성이든 똑같다.

"일을 마친 후 욕조에 몸을 담그고 마시는 맥주 한 잔의 여유는 정말 최고야."

"남이 기뻐하는 모습을 보면 나까지 기분이 좋아져."

"아직도 내가 남에게 도움이 된다는 걸 느끼는 게 행복해."

"하루 벌어 하루 살더라도 돈이 들어오면 힘이 나."

이런 각자의 이유로 사람들은 일하고 싶어 한다.

고령이 되어 할 일이 있는지 없는지는 '젊은 마음'을 따질 때 상당히 중요한 문제다.

부모에게 물려받은 개인 가게를 간간이 경영해 온 70대 중반의 남성이 있다.

이 사람은 학창 시절의 친구와 오랜만에 만났을 때 무심코 불만을 토로했다.

"회사에서 정년퇴직하면 연금도 받고 불안감도 없이 여유롭게 살 수 있으니까 정말 부럽다. 난 이 나이에도 아등바등 일해야 하는데…."

친구는 대기업을 정년까지 일하고 지금은 차로 이곳저곳 여행을 다니며 즐겁게 살고 있었다. 친구가 가끔 만나자는 연락해 와도 자신은 가게 때문에 쉬는 날이 거의 없어 만나지 못했다. 그래서 부럽다며 불만을 흘린 것인데 생각지 못한 대답이 돌아왔다.

"나는 너처럼 아직 일이 있는 사람이 더 부럽다. 내가 놀러 다니니까 즐거워 보이나 본데 하루하루 사는 보람은 없어."

두 사람 모두 진심이었다.

일을 하면 매일매일 보람이나 성취감을 느끼는 것도 확실히 맞다. 그것을 추구하는 것도 '젊은 마음'이다.

자유에 몸을
맡겨 보자

일에서 성취감을 느끼는 사람이라면 세상에 필요한 고령자가 되고 싶어 한다.

몸에 밴 기술이나 현역 시절에 땄던 자격증을 활용하는 것이다.

특정 분야의 지식이나 정보가 있다면 필요한 사람들에게 가르치는 일 정도는 할 수 있다.

누구에게나 '세월로 쌓은 내공'이 있다. 반찬을 잘하는 할머니가 동네의 젊은 새댁들의 요청으로 비법을 전수하는 것도 세상에 등을 돌리지 않고 마주하려는 행동이다.

그러기 위해서는 이웃도 그렇지만 표면적인 관계를 밀어내지 말고 받아들여야 한다.

지역 행사나 모임, 아는 그룹의 이벤트에도 누가 불러 준다면

빠지지 말고 나가서 얼굴을 내비쳐야 한다. '생각보다 서글서글한 사람이네.'라는 인상을 남기기 위해 여기저기 발품을 팔아 두자.

뭔가 부탁하거나 도움을 받고 싶을 때 '누구한테 부탁하지?'라고 했을 때, '아, 그 사람!'이라며 생각나는 사람이 될 정도로 어필해도 좋다. 번거로운 인간관계도 때로는 도움이 된다.

고령이 되어 이제야 자유 시간이 생기고 자신을 속박하던 인간관계에서도 벗어나 자유를 찾았으니, 성가신 일에는 더 이상 관여하고 싶지 않다는 마음은 이해한다.

괜한 책임을 지거나 일을 맡고 싶지 않은 마음도 안다.

하지만 그 정도 이유로 세상에서 등을 돌린다면 그건 비뚤어진 사람이다. 가끔 훌쩍 찾아와 주는 사람이 있다면 같이 느긋하게 차 한 잔 정도 마시는 마음의 자유는 남겨 두는 게 편하지 않을까.

그리고 누군가 부탁해서 어떤 역할을 맡게 되더라도, 가능한 범위 안에서 자신의 역량대로 하면 된다. 누가 알까. 느리게 일하는 모습을 보다 못해 도움을 주거나 조언해 주려고 발 벗고 나서는 사람이 나타날지. 그런 참견쟁이들은 노인 사회에도 존재한다.

자신이 속한 사회에서 더불어 사는 노인 프리랜서가 되자.

자유롭게 살면서 가끔은 세상이 필요로 하는 사람이 되는 것이다. 그렇게 되면 명확한 직업은 없어도 할 일은 무궁무진해진다. 그런 삶을 살아 보면 의외로 주변에 롤 모델이 생기기도 한다.

조직의 족쇄에서
벗어나도 일할 수 있다

고령이 되면 일에 관한 생각도 자유로워진다.

현역 시절에는 일을 필수적 생계 수단으로 여겼다.

가족의 생활과 자녀의 장래를 뒷받침하기 위한 수입, 능력이나 적성에 맞는 업무 내용, 경력이나 나이에 맞는 지위나 권한, 직장의 인지도나 규모, 안정성이나 장래성, 근무 지역이나 노동 조건…. 그야말로 셀 수없이 많은 조건이 내걸려 있었다. 그러나 대부분 모든 희망을 충족하는 완벽한 일을 찾지 못해 몇 가지 불만을 품은 채 일을 감당했다.

거기에 인간관계의 부담까지 더해진다.

이게 가장 까다롭고 심기에 거슬린다. 일이나 대우에 불만이 없어도 직장 내 인간관계 때문에 괴로워하는 사람이 많다. 그 원인으로 퇴사하거나 이직하는 사람도 있다.

이렇게 일을 하면서 겪는 어려움이나 고민을 나열해 본 것에는 이유가 있다.

현역을 은퇴하고 고령의 나이에 일을 하면 그런 온갖 어려움이나 고통에서 벗어날 수 있다는 것을 말하고 싶었다.

지위나 수입, 회사 규모나 안정성 그리고 인간관계의 어려움까지 전부 다 신경 쓰지 않아도 되고 싫으면 언제든지 그만둘 수도 있다. 자신을 조직에 묶어 둘 필요가 없기 때문이다.

예를 들어 경리 일을 오랫동안 했던 사람이 작은 회사나 NPO의 경리 일을 돕는 것도 그렇다. 쌓아 온 경험을 살려서 작은 조직이나 단체를 서포트하는 일이라면 불편한 상황을 감당하면서 억지로 조직의 족쇄에 묶일 필요가 없다.

혹은 지역 자원봉사에서도 차 운전이 가능하면 역할을 분담할 수 있다. 운동할 겸 공원을 정비하거나 아이들의 안전을 지켜보는 일도 훌륭한 일이다. 이제 지위나 급여를 따질 필요가 없으니 사회에 필요한 구성원이라고 실감할 수 있다면 자신이 한 일에 보람이 생긴다. 실버 인재 센터 같은 창구에 등록하면 생각지 못한 일을 제안받기도 한다.

일의 범위를 확 넓힐 수도 있다.

스스로 만들면 된다. 창업이라고 할 만큼 거창한 일이 아니더라도 좋아하는 분야나 잘하는 분야를 살려 어떠한 업무로 연결할 방법이 없는지 생각해 보자. 여러 가지 정보를 모아 보는 노력만 해도 즐겁다. 적은 자본으로 장사하려면 아이디어가 중요하다. 아무튼 조직의 족쇄에서 벗어나면 새로운 일도 제로부터 자유롭게 만들어갈 수 있다.

친구가 몇 명인지는
상관없다

고령이 되어 사회적 인간관계에서 벗어난다는 것은 상당히 냉혹한 일이다.

오래 사귄 친구처럼 마음의 자유를 속박하지 않는 인간관계가 조금씩 끊기기 때문이다.

병에 걸리거나 몸이 불편해지는 친구들이 점점 생기고 얼굴 볼 기회도 줄어든다. 가끔 새해에만 안부를 묻는 친구들이 점점 늘어나는 것이 노인들의 현실이기도 하다.

하지만 어쩔 수 없다. 조금씩 떨어져 나가는 인간관계는 오래 살다 보면 당연하고 자연스러운 일이다. 그 대신 또 다른 새로운 인간관계도 생긴다.

여기서 분명히 해 두고 싶은 게 있다.

친구들이나 가까운 사람들의 모임처럼 허물없는 인간관계도 때론 마음의 족쇄가 된다는 사실이다.

애초에 젊은 시절부터(어릴 때부터) 친구가 적거나 놀 사람이 없다는 건 콤플렉스의 원인이었다.

친구가 많은 사람은 성격이 좋고 신뢰받는 이미지로 협동심이 있고 무던한 성격으로 비친다. 그로 인해 주변과 조화를 이루는 사람으로 소통 능력이 좋아 사회에 나가도 성공할 사람으로 인정받는다.

반면에 친구가 적다는 것은 고집불통에 쌀쌀맞고 능력이 떨어지는 사람으로 전락한다.

그래서 스스로 부끄럽게 생각한다. 그들은 협동심이나 무던한 성격, 다시 말해 자신의 의견이나 생각에 고집이 있다기보다는 주변과 조화를 이루는 것을 더 중요시한다.

이러한 경향은 고령이 되어도 이어진다.

주위에 친구가 많거나 인맥이 넓고 모든 사람에게 신뢰받으면 행복한 고령자라는 이미지가 있다.

그 반대가 고독한 노인이다. 친구가 적고 아무도 다가가지 않는 사람이다. 그런 사람은 왠지 삐딱하고 협동심도 없으며 고독해 보이기 때문인지 점점 성격이 괴팍해진다는 이미지가 있다.

하지만 이는 엄청난 관점의 오류이다.

친구가 적어도 자유롭게 사는 사람이 있다. 주위에 맞추지 않고 자신이 하고 싶은 일을 하며 삶을 즐기는 사람이다. 친구도 적고 인맥도 없어 보이는 사람, 아무도 다가가지 못할 만큼 괴짜로 보이는 사람이 사실은 누구에게나 스스럼없이 행동하며 자신의 인생을 마음껏 즐기고 있는지도 모른다.

혼자 가는 인생이
얼마나 홀가분한지 빨리 알아라

솔직히 나이가 들면 친구의 숫자가 많건 적건 아무런 상관없다. 그러므로 속마음을 자유롭게 나누며 즐겁게 어울릴 수 있는 친구가 한두 명 있으면 충분하다고 마음을 바꿔 보자. 그러면 친구가 많으니 적으니, 얼마나 인맥이 넓은지 가늠할 때보다 훨씬 더 편하게 살 수 있다.

나이가 들수록 주변에 있던 친구들이 하나둘씩 떠난다. 나이가 더 많은 사람은 물론이고 동년배 친구도 예외는 없다. 부부 사이에도 둘 중 한 사람이 먼저 떠나고 자녀들과도 점점 멀어진다.

아니면 자신의 몸이 불편해져서 외출할 수 없거나 모임에 나가지 못하게 되기도 한다. 마음은 그게 아닌데 자연스레 친구와 멀어지는 것이다.

이것이 자연스러운 일인데 이를 받아들이지 못하고 친구가 많다느니 인맥이 얼마나 대단하다느니 우쭐대는 사람은 나중에 고독감에 휩싸인다. '드디어 외톨이가 됐구나.'라며 외로워진다. 하지만 그 '외톨이' 대신 처음으로 진정한 자유를 얻었다고 생각하면 괜찮다.

고독이 외롭다는 건 당연하지만, 그때까지 경험해 본 적 없는 자유의 맛을 보게 될 거라는 기대로 즐거울 수 있다.

온전히 혼자가 되더라도 계속 그대로 가는 건 아니다.

일단 원래 있던 인간관계가 사라지면 새로운 친구가 생기거나 지금까지 없었던 장소에 새로운 인간관계가 생긴다. 조직에 얽매이지 않는 직업이나 자원봉사, 스스로 아이디어를 내서 수입을 창출해 내는 길에서도 서로를 구속하지 않고 보람을 공유할 수 있는 관계가 생긴다.

집에 틀어박혀 혼자서만 있으려고 하지 않는 한 어떠한 인간관계는 생겨난다. 그러니 '외톨이'라는 건 말이 안 된다. 오히려 친구의 숫자나 인맥을 자랑삼아 그 안에서만 살아온 사람이 더 '외톨이'가 되기 쉽다. 나이가 들수록 친구의 숫자나 인맥은 자연스레 줄어들기 때문이다.

어차피 인간은 누구나 고독해진다. 그 고독이 가져올 홀가분한 자유를 두려워하기보다는 조직이나 인간관계에 얽매이지 않는 삶을 조금씩 실천하려는 마음이 생기면 좋겠다.

어차피 인간은 사회적 동물이고 관계 속에서 성장하고 살아간다. 이를 거부하거나 단절하려는 마음을 갖지 않으면 주위에 사람은 얼마든지 모여든다.

홀로 나풀나풀
유쾌하게 나이 들어보자

도시든 지방이든 홀로 사는 노인이 늘고 있다.

'외롭겠다.'

'가족도 없는데 불쌍하다.'

'뭐든지 다 혼자서 해야 하니까 힘들겠다.'

우리는 그런 노인을 동정의 눈으로 바라본다. 하지만 정작 그 노인은 어떤 마음일까?

만약 당신이 지방의 오래된 집에 사는 할머니라고 생각해 보자. 남편은 먼저 가고 아이들은 멀리 떨어진 도시에서 살고 있다. 자녀가 손주를 데리고 찾아오는 건 1년에 한두 번 구정과 추석 정도다.

외롭지 않을까?

아니다. 이웃집에도 비슷한 상황에 있는 친구가 있어서 매일 같이 모여앉아 차를 마신다. 고령이 되면 비슷한 경우의 동년배에게 지금까지 느껴 보지 못했던 친밀감이 자연스레 생긴다고 한다. 마지막 친구, 뭐 그런 느낌이다.

그럼 혼자 사는 게 불쌍할까?

그렇지 않다. 자신을 불쌍히 여기지 않는다. 누구 하나 뒤치다 꺼리할 게 없다. 아침에 눈을 뜨고 밤에 잠들 때까지 자기 마음대로 느긋하게 살아간다. 아무런 거리낌 없이 어떤 것에도 구애받지 않고 아주 편안한 마음으로 산다.

전부 다 혼자 해야 하니까 힘들까?

혼자 살 때는 할 수 있는 것만 할 뿐이다. 평생 배우자와 자녀를 돌보며 집안일을 하다가 혼자가 돼서야 '그동안 얼마나 뒷바라지하며 살았던 거야?'라고 깨닫는다. 그래서 가끔 자녀들이 와서 북적북적해지면 속으로는 '얼른 놀고 가라.'라는 마음이 생긴다는 것이 솔직한 심정이라는 것이다.

혼자서도 여유 있고 씩씩하게 사는 고령자 대부분은 자신이 늙어가는 모습을 유쾌하게 받아들인다.

'내 정신 좀 봐, 이렇게 깜박깜박한다니까.'

'하루가 이렇게 눈 깜짝할 새에 끝나는데, 대부분 멍만 때리고 있네?'

'아흔을 졸수卒壽라고 한다고? 인생을 졸업한다는 말인가? 아무것도 졸업을 못 했는데….'

이렇게 한숨을 쉬면서도 매일매일 나풀거리며 살아가는 독거 노인들도 많다.

행복을 얻을 수 있는
공간을 찾아라

이번에는 영화 이야기를 해 보려고 한다.

지방에 사는 고령자분들은 "극장이 있는 도시가 부럽다."라는 말들을 자주 한다.

지방에는 극장이 없는 마을이 늘어나 어둠 속에 앉아 큰 스크린으로 영화를 보고 싶어도 그게 안 된다는 것이다.

그런데 대도시에는 소극장을 포함해서 여기저기 영화관이 많다. 큰 유통사에서 배급하는 영화는 젊은 세대를 중심으로 관객이 몰린다. 하지만 다큐멘터리나 독립 영화, 예술 영화 같은 작품도 매일 어딘가의 작은 극장에서 조용히 상영된다. 그런 영화를 기대하고 보는 건 대부분 시니어 팬들이다.

고령의 영화 팬들은 요즘 영화가 재미없고 시끄럽다며 멀리하는 경향이 있다. 대박 난 작품만 뉴스에 나오니 그렇게 느끼는 것이다. 사실 아트 포럼 같은 소극장에서는 오래된 영화 팬을 만족시키는 작품이 꾸준히 상영되고 있다.

극장이 작으니 좌석 수도 대부분 100석이 채 되지 않는 소소한 공간이다.

그럼에도 영화관임은 틀림없다.

어둠 속 공간, 크게 다가오는 스크린도 음향도 모두 똑같다.

거기에 홀로 앉아 보내는 한두 시간은 분명 최고로 행복한 시간일 것이다.

혼자 보러 가니까 몰입도 되고, 영화를 좋아해서 참 다행이라는 생각이 저절로 든다. 영화를 다 보고 나면 번화가 쪽으로 슬슬 걸어 봐도 좋고, 여운에 잠겨 조용한 바에서 술 한잔하는 것도 좋다. 집에 있는 텔레비전으로는 결코 맛볼 수 없는 만족과 행복감에 휩싸인다.

'홀로 즐기는 늙음이 참 좋네.'

도시 노인들의 고독에도 행복의 씨앗은 반드시 있다. 오히려 도시에서만 찾을 수 있는 것도 있다. 어두운 극장도 그중 하나다. 만담을 들려주거나 나이든 개그맨들이 시시껄렁한 농담을 해 주는 공연장도 있다. 홀로 나가도 갈 만한 장소는 얼마든지 있다.

떠도는 것도
즐거운 여행 중 하나다

도시에서만 맛볼 수 있는 즐거움이 여러 가지 있다. 그 중에서도 당일치기로 근교 마을에 놀러 가기에는 교통망이 발달한 도시만큼 편리한 장소가 없다.

전철을 타면 도쿄에서 지바나 가나가와, 혹은 이바라키까지 당일치기로 충분히 다녀올 수 있는 거다.

막연하게 바다 쪽이라는 목적지만 정해서 전철을 타면 항구 마을에서 점심을 먹을 수 있다. 어촌의 작은 식당에서 생선구이 정식 정도는 가볍게 맛볼 수 있다. 도쿄 이북까지 가면 만두 맛집도 많고, 아무 데나 훌쩍 들어가 독특한 수프와 재료를 쓴 그 동네만의 특색 있는 라면 맛을 즐길 수도 있다. 가끔은 돈을 좀 써서 장어를 먹는 것도 좋다. 굳이 드라마 속 '고독한 미식가'는 아니더라도 홀로 사는 고령자들의 혼밥은 고독을 고스란히 즐길 수 있는 세계다.

흔히들 손수 만든 집밥을 먹어야 고령자들이 자립해서 생활하기에 좋다고 말한다. 하지만 그렇게 먹는 밥은 심심하고 의무적으로 꾸역꾸역 먹는 것이다. 함께 사는 사람이라도 있으면 기름진 음식만 먹는 건 아니냐, 나이도 있는데 밖에서만 사 먹지 말라는 둥 잔소리를 듣겠지만 혼자 있으면 눈치 볼 필요가 없다.

게다가 당일치기라면 자연스럽게 걷기 운동도 된다.

다양한 풍경도 보고 사람 구경도 할 수 있다. 아무리 작은 동네에 가도 일하는 고령자가 있고, 자기 페이스에 맞게 사는 동년배들도 많다. 그런 사람들을 만나면 '나도 더 많이 즐겨야지.'라며 힘이 생긴다.

그리고 뭐니 뭐니 해도 우연히 들어간 가게에서 맛있는 음식을 만나면 기분이 좋아진다. '다음에는 산 쪽으로 가서 메밀국수라도 한 그릇 먹고 올까?'라는 기약이 생긴다.

아주 잠깐 즐기는 당일치기 점심 여행이라도 혼자만의 세상이 펼쳐진다.

인생을 선물 받은 것처럼
눈치 보지 말고 살아라

"벌써 ○살이 됐구나."

"○년 있으면 몇 살이 되는 거지?"

이런 나이 계산은 확 던져 버리자.

오래 살려면 행복해야 한다.

오래 사는 것이 온갖 고민과 불안의 씨앗을 초래한다고 하더라도, 살아 있는 동안에는 인생을 즐겨야 한다.

그러니까 차라리 '남은 인생은 선물이다.'라고 긍정적인 선을 그어 버리자.

열심히 노력해 왔고 드디어 자유를 손에 넣었다. 그 노력을 보상받았다고 생각하면 이제 그 인생을 마음껏 신나게 즐기는 일만 남았다.

　앞으로 5년을 살지 10년을 살지, 아니면 훨씬 더 오래 살지 알수 없다. 그래도 선물이라고 생각하면 노는 데 돈을 펑펑 써도 좋고, 바보 같은 일에 시간을 낭비해도 좋다. 주변 사람들이 어떻게보든 상관없다. '지금 난 선물 받은 시간을 즐기는 것뿐인데?'라며당당해도 된다.

　마음의 자유도 마찬가지다.

　선물의 시간이라고 선을 그어 버리면 아무런 제약이 없다.

　다른 사람은 신경 쓰지 않아도 된다. 배우자나 아이들의 눈치를 볼 필요도 없다.

　장식하지 않아도 되는 선물이다. 운 좋게 받았으니 전부 자신을 위해 즐겁게 써 버리자.

한 직장에서 정년까지 열심히 달려왔던 어느 고령의 남성이 이런 말을 했다.

"한창 회사 다닐 때는 보너스를 받아도 대출이니 저금이니 들어오는 족족 다 나가 버리니 허무하더라고요. 연차를 쓰더라도 항상 가족을 위해 시간을 보냈어요. 사실은 일하고 받은 보상이니 전부 나만을 위해 써 보고 싶었거든요."

현실적으로는 가족이 있으면 상상할 수 없는 일이다. 그런데 혼자 있으면 마음껏 쓰고 즐길 수 있다.

그런 기개가 앞으로의 인생에 중요하다.

그때 비로소 혼자 있는 것이 얼마나 홀가분한지 감사하게 느껴질 것이다.

혼자 남았을 때
홀가분하면

이 경지에 이르려면 높은 난도의 고민을 털어 버려야 한다. 곧 마지막 순간을 맞이할지 모른다고 생각하면 불가능한 요인이 사라지고 모든 일이 가능해진다.

'외톨이는 되기 싫어. 나이가 들어도 옆에 누가 나와 함께 있었으면 좋겠어.'

가령 이렇게 생각하는 사람이 있다면 지금 당장 그 누군가를 찾으려 노력해야 한다.

나이가 든 후의 인간관계란 '백지화'되는 일이다. 켜켜이 쌓인 여러 가지 일들, 인간관계뿐 아니라 업무 교섭이나 기획에서 일단 백지상태로 돌리고 처음부터 다시 시작해야 한다. 그게 간단해 보여도 상당히 어렵다. 그동안 쌓아 온 게 아깝기도 하고 그때까지 노력한 시간이 생각나기 때문이다.

특히 인간관계는 상대방과 얽혀 있으므로 내가 먼저 끊어버리기 어렵다. 가까운 사람이나 오래 사귄 친구와의 관계를 백지로 돌리기란 간단하지 않다.

누구든 그렇게 하고 싶어 하지도 않는다.

하지만 나이가 들면 가능하다. 그렇게 친했던 그룹 친구들이 자연스레 뿔뿔이 흩어지기도 하고 한 명 한 명 떠나면서 멀어지기도 한다. 다들 각자 자신이 늙어가는 모습을 마주하며 조용한 삶을 보내기 시작했다는 뜻이다.

그때 아등바등해 봤자 아무것도 못 한다.

오히려 '아아, 홀가분해!'라고 생각해야 한다.

'나도 드디어 혼자 남았다. 이제부터 남은 인생, 내 페이스대로 즐기면서 살아야지.'

그렇게 각오를 다질 수 있다면 가뿐한 삶을 살 수 있다.

마음에 부담을 주지 않는 좋은 사람과 어울리고 좋아하는 일을 하면서 살면 마음의 자유를 잃을 일이 없다. 마음의 자유만 잃지 않는다면 늙음을 부정하지 않아도 외로움을 느끼지 않는다.

'나만의 시간이 필요해.'

대다수 사람이 지금까지 살면서 몇 번이나 꿈꿨던 바람이다.

늙음은 그 꿈을 누구에게나 선물해 준다.

 6장

해 보고 싶은 일은
아직도 많다

긴 인생이지만 무척이나 제한적인 삶을 살아오지 않았는가?
스스로 반문해 보아도 좋다.
앞을 보고 달리느라 진짜 해 보고 싶은 일을
뒤로 미뤄 두거나 덮어 두었을 것이다.
미련 남기지 말고 이제 하나둘 일상에서 실천해 보자.
새로운 날들이 펼쳐진다.

인생은
길다

'나, 꽤 성실하게 살아왔잖아.'

스스로 그렇게 생각한 적이 있는가?

좋을 때도 나쁠 때도 있었고 각자 굴곡이 있는 인생이었다고 하더라도, 대부분은 큰 모험이나 도박에 나서는 일 없이 착실하게 인생을 꾸려 왔다. 조금이라도 좋은 학교에 진학해 안정된 기업에 들어가는 것을 목표로 삼아 열심히 공부했다.

입사하고 나서는 착실하게 성과를 올리며 일했다. 윗선을 거스르거나 분쟁을 만들지도 않고 협동심에 신경을 쓰며 살아왔다. 실패를 두려워하지 않고 큰 성과를 내기보다는 실수 없이 임무를 완수하여 신뢰를 저버리지 않도록 노력했다. 일상이 근면 성실 그 자체였다.

당신의 삶은 어땠는가.

'그렇게까지 성실하진 않았어.'라며 웃을지도 모르겠지만, 무사히 정년을 맞이한 사람들은 각자 인고의 시간을 보냈을 것이다. 상사와 대판 싸우고 회사를 나와 버렸다거나 젊은 시절에 창업해서 실패했다거나 빚더미에 앉지도 않았다.

그럼 지금까지 살아온 인생에 만족하는가?

사람마다 답이 다 다를 것이다.

50년 가까이 일하면서 자식들을 사회에 내보내고 주택 대출을 다 갚고, 아무튼 이 나이까지 무사히 왔다는 사실을 생각하면 참 잘했다고 말할 수밖에 없다.

불만이 있는 사람도 당연히 있다. 마음 가는 대로 하고 싶은 일을 더 해도 좋았겠다는 미련 섞인 불만이다.

하지만 만족이든 불만족이든 답을 내기엔 아직 이르다.

앞으로 남은 인생도 10, 20년 이렇게 긴 시간이 남아 있으니 말이다. 결론을 내고 받아들이기보다는, 그 긴 시간을 어떻게 살아갈지 생각하는 게 더 즐겁고 설렌다. 이럴 때는 차라리 아직 해 보지 못한 일에 미련이 남는다고, 해 보고 싶은 일이 아직 더 있다고 인정을 해 버리자.

70대에 인생을 마무리하기엔 너무 이른 것 같다.

실패가 두렵다고
도전에 브레이크 걸지 마라

앞으로 해 보고 싶은 일을 그려 보자.

간단하다. 지금까지도 꼭 해 보고 싶어 계획했던 일들이 몇 가지 있다면 그것들을 하나씩 떠올리면 된다. 아니면 완전히 새로운 일이나 최근에 꿈꾸게 된 일을 구체적으로 계획해도 좋다.

이렇게 하고 싶은 일을 써 내려가다 보면 자꾸만 "그런데⋯."라는 말이 발목을 잡는다.

나이, 체력적 불안, 금전적 제약, 주변의 반대 등 여러 가지 요소가 있겠지만 스스로 브레이크를 거는 경우도 있다.

'이 나이에 무리하면 안 될 것 같은데.'

'실패하면 주변 사람들에게 폐만 끼칠 거야.'

'나이도 먹을 만큼 먹어서 비웃음만 사겠지.'

이런 걱정뿐만이 아니다. 계획을 세우는 단계에서 이미 조금만 더 생각해 보자며 결단을 미루는 경우가 많다.

이를 대비해 실패하거나 중간에 도망가지 않도록 여러 가지 위험 요소나 불안 요소를 하나씩 적어 보고 대책도 세워 보자. 그러면 걱정거리가 줄줄이 나온다.

무엇보다도 체력이나 건강에 대한 불안감이 크다.

돈을 쓸 여유도 없다.

이렇게 착실하게 살아왔는데 말년에 실패하거나 비웃음을 사는 추태는 부리고 싶지 않다는 마음도 있다. 그러니까 '조금 더 생각해 보겠다.'라는 것은 계획을 단념할 변명을 찾아보겠다는 것이나 마찬가지다.

이는 유복한 인생을 보낸 사람들이 많이 보이는 패턴인데, 스스로 일찌감치 매듭을 지어 버리기도 한다.

나이를 따지거나 자신이 해 왔던 일을 열거해 보고, 수중에 있는 부동산이나 재직 당시의 지위를 떠올린다. 큰 실적을 올렸던 사람들은 자기 나름의 성취감도 있을 것이다.

이렇게 이룬 게 많으니 '이거면 됐지.'라는 마음도 생긴다.

'이제부터 여생이라 생각하고 유유자적 사는 게 최고다.'

이런 마음가짐으로 바라는 것 하나 없이 하루하루를 담담히 산다. 이게 바로 성공한 사람들의 여유다. 이건 이것대로 행복한 고령자처럼 보이는데, 그렇게 되기까지 소망이나 자유를 꾹 누르고 버텨야 했던 일도 많았을 것이다. 혹은 남는 재산을 마음껏 다 써 버리고 싶은 욕망도 있다. 이는 복에 겨운 일이 아니라 인내하며 살아왔던 인생에 대한 보상이 될 것이다.

일단 훌쩍
움직여 보자

영업 일을 했던 사람이 정년퇴직하고 나서 문득 이런 생각이 들었다고 한다.

'한 달의 절반은 출장으로 전국 방방곡곡을 돌아다녔는데 아직도 못 가 본 곳이 남아 있네.'

시간은 충분히 있으니 이 기회에 가 보지 못한 지역에 가 보자는 생각이 들었다. 특정 관광지를 목적으로 한 건 아니고, 가 본 적 없는 지역이 목적지라서 계획을 세우기도 간단했다.

'동쪽으로는 야마가타가 있네. 서쪽으로는 돗토리가 있고. 이 두 곳만 가면 전국 모든 지역을 제패하는 거야.'

스스로도 어이없는 계획이라고 생각하면서 바로 깨달았다.

'시간이나 사람에 얽매이지 않은 여행은 처음 아닌가?'

　지금까지는 일 때문에 출장으로 갔으니 스케줄이 정해져 있었다. 어디에 가서 무엇을 할지, 누구와 만나서 무엇을 결정할지, 언제까지 돌고 언제 본사로 돌아와야 하는지, 호텔과 왕복 비행기에 열차 시간까지 전부 다 짜여 있었다.

　그런데 막상 자유롭게 스케줄을 짜야 하는 상황이 오니 막막하기만 했다.

　그래서 인터넷으로 여행 정보를 알아봤다. 맛집, 온천, 명소나 관광지 등 그 지역의 볼거리나 맛집 골목은 어떻게 생겼는지…. 하지만 애초에 분명한 목적이 없으니 난감했다.

　지역 중심지라면 번화했을 테니 호텔도 맛집 골목도 모여 있겠다 싶으면서도 왠지 썩 내키지 않았다. 그런 지역에 가면 예전에 일했던 회사의 지사나 영업소가 꼭 있어서 그 시절이 자꾸 떠오를 것 같았기 때문이다.

그래서 아무 일정도 짜지 않고 무작정 그냥 떠나기로 했다.

'일단 신칸센을 타고 현청 소재지인 야마가타 시에 들어가자. 거기에서 지역 노선으로 갈아타고 아무 동네나 내린 다음 대충 마음 가는 대로 움직이는 거야.'

'잘 곳만 있으면 걱정할 일은 아무것도 없으니까, 거기서 맛있는 음식도 먹고 천천히 구경하다 오면 되겠다.'

이렇게 생각한 그는 작은 가방에 갈아입을 옷과 세면도구만 집어넣고 도쿄역으로 갔다. 역에 도착했더니 관광 안내 팸플릿이 목적지 별로 놓여 있었다. 야마가타 팸플릿을 하나 손에 들고 야마가타로 가는 신칸센에 올라탔다. 이렇게 몸을 먼저 움직이면 새로운 길이 열린다.

움직이면 무언가가 시작하고,
시작하면 그다음이 보인다

목적도 이유도 없이 여행을 가는 것은 돈 낭비 시간 낭비일까?

바쁜 현역 시절에는 그렇게 생각하는 게 당연했다. '그럴 시간이 없어.'라며 바로 포기했다.

그런데 고령이 된다는 것은 그런 현실적인 계산에서 벗어난다는 것을 의미한다. 아니, 그런 건 걱정해 봤자 아무것도 시작하지 못하게 만들 뿐이다. 나이가 들면 애초에 효율이니 성과니, 혹은 비용 대비 효과(가성비)니 하는 것들에서 멀어진다. 하루 꼬박 책을 읽어도 젊은 시절에 비하면 절반밖에 읽지 못하고, 애써 외운 것을 잊어버리고, 집안일을 하든 작업을 하든 쉬는 시간이 더 길어지고 계획대로 흘러가지 않는 일투성이다.

그렇다고 아무것도 하지 않는 게 낫다는 건 아니다. 시간이나 돈이나 체력 낭비를 운운하려면 그냥 잠이나 계속 자라는 소리다. 이렇게 귀한 자유 시간을 얻었는데 가만히 있다가는 정말로 하루하루를 낭비하게 될 것이기 때문이다.

그러니 가슴에서 뭔가 번뜩인다면 아무튼 훌쩍 움직여 보자.

움직이기만 하면 무언가가 시작한다. 역까지 가면 티켓을 살 수 있고, 티켓을 사면 신칸센을 탈 수 있고, 신칸센을 타면 어딘가 먼 곳으로 갈 수 있다.

'가서 특별히 하고 싶은 일도 없는데.'

'도착하면 그다음엔 뭘 해?'

이런 걱정은 도착하면 싹 사라진다. 돌아다니다 보면 무슨 콩고물이 떨어질지 아무도 모르는 일이다.

야마가타로 여행을 간 전 영업사원은 아직 70대다. 종점에 내려 지역 노선으로 갈아타고 우선 바닷가 마을을 향했다. 도착하니 벌써 늦은 오후 시간이다.

시내의 비즈니스호텔에 숙소를 잡고, 7층 방에서 창밖을 바라보니 석양이 비치는 바다가 보였다.

그리고 바다로 흘러드는 드넓은 강어귀도 보였다. 저게 모가미 강이구나. 머릿속에 지도가 떠올랐다.

'그러고 보니 아키타도 니가타도 일 때문에 가 봤지만 바다는 처음 보네.'

그렇게 생각하니 왠지 기분이 좋아졌다.

'돗토리에 가면 이 바다를 모래 언덕에서 바라볼 수 있겠네.'

이제는 다음 계획이 기다려졌다.

아무튼 움직이면 무언가가 시작된다. 먼저 정처 없이 훌쩍 움직이는 게 중요하다.

가장 간단한 것은
사람을 찾아가는 것

지방에 사는 지인이 이런 이야기를 했다.

"시골 사람들은 누구 집에 갈 때 전화로 먼저 안 물어봐. 일단 마음 가는 대로 그냥 불쑥 찾아가."

그날 그 시간에 집에 있는지 없는지, 시간이 괜찮은지, 어떤 용건인지 일일이 전화로 확인하지 않고 마음 내키면 그냥 찾아간다는 것이다.

이 지인은 한마디를 더 덧붙였다.

"노인일수록 더 그러더라고. 생각해 보니 그렇게 하는 게 서로 제일 편해."

애초에 노인들은 집에 있다. 지방에서는 고작 해 봐야 텃밭에서 잡초나 뽑고 마당 손질이나 하는 정도라 보통은 집에 있다.

그런데 시간 약속을 하면 상대방도 차나 과자를 준비하고 현관과 거실도 치워야 하며 그 시간에는 텃밭에도 가지 못한다. 동네 마실도 못 나가게 된다. 그래서 약속하지 않는 게 서로 속 편하다.

찾아가는 쪽도 마찬가지다. 상대방에게 부담을 주기 싫은 것이다. 노인들끼리 특별한 용건이 있는 것도 아니다.

"그냥 얼굴 한번 보러 왔어."

그 정도 용건은 전화로 얘기할 것도 못 되고 집에 없으면 없는 대로 괜찮다.

마당 상태도 한번 보고, 강아지 머리도 한번 쓰다듬고, 어슬렁거리며 왔다 갔다만 해도 산책이 된다. 애초에 약속하고 나간 게 아니라 집에 없다고 화가 날 일도 없다. 없으면 '가는 날이 장날이네.'라고 생각하면 끝이다.

이게 도시에서도 가능하다.

노인들은 대체로 집에 있다.

전철로 한 시간 걸리는 동네라면 소풍 가는 기분도 난다.

'얼굴 오랜만에 보겠네.'

'갑자기 찾아가면 깜짝 놀라겠지?'

설레는 마음도 든다. 역에서 내리면 '몇 년 만이지? 이 동네 분위기도 많이 바뀌었네.'라며 추억을 떠올릴 수도 있다.

그리고 운 좋게 집에 있던 친구는 "어쩐 일이야, 갑자기?"라고 말하며 깜짝 놀랄 것이다.

"근처에 온 김에 와 봤어."

지나는 길에 생각나서 들렀다는 말은 관심과 애정의 표현이므로 언제 들어도 기분이 좋다.

그동안 쌓인 얘기를 나누며 "근처 닭꼬치 집에서 한잔할까?"라고 말해 본다. 유쾌한 시간은 순식간에 흐른다.

친구가 집에 없으면 어떨까?

그때 일은 그때 생각하면 된다. 정겨운 국수집이라도 들어가면 생각지 못하게 여행 기분을 맛볼 수 있다. 무계획적으로 행동했다고 후회할 일은 절대 없다.

이것저것 마구
시험해 보기

1년에 딱 한 번 하루에 10만 엔 다 쓰기를 실행하는 80대 남성이 있다.

번화가 술집에서 놀기, 경마장을 돌아다니며 무일푼이 될 때까지 집에 들어가지 않기, 고급 레스토랑이나 비싼 초밥집 카운터에서 여유롭게 먹고 마시기, 도심에 있는 호텔 스위트룸에서 하룻밤 보내며 호화로운 기분에 맛보기, 리조트에 가서 썬베드에 누워 새까맣게 태우고 오기….

쇼핑은 하지 않고 무조건 돈을 남김없이 다 쓰는 것이 룰이다.

"뭘 할지 생각해 보는 게 꽤 어려워. 주식을 사면 돈이 남잖아. 선물을 사는 것도 룰 위반이야."

이 룰은 본인이 정했다. 딱히 자유를 속박하는 것도 아니다. 경마장에서 돈을 땄을 때는 친구들을 불러 모아 있는 돈을 다 쓴다고 한다.

그런 바보 같은 10만 엔 쓰기 플랜은 75세부터 시작했다. 구청에서 후기 고령자라며 이런저런 통지가 날아왔을 때 '장난해?'라고 생각하면서 시작한 것이다.

'아직 이렇게 건강한데 지금부터 못 해 본 일 다 할 거다.'라는 마음이 들었다고 한다. 한량, 노름꾼, 미식가, 셀럽까지…. 모두 인연이 없는 인생이었지만 하루쯤 그런 기분을 내보는 건 할 수 있다고 생각했다.

"내년에는 뭐가 되어 볼까? 생각만 해도 기대가 돼."

참고로 이 남성은 연금으로 생활하는데, 일주일에 이틀 정도는 데이 케어 서비스 시설 차량에 어르신이 타고 내리는 걸 돕는 일을 하고 있다. 한 달에 겨우 몇만 엔 버는 것뿐이지만 보람이 커 그만두지 않고 있다. 한꺼번에 10만 엔을 쓰기 위해 벌어야 하는 목적도 있다고 한다.

고령이 되어도 무언가 일을 계속하는 사람을 흔히 볼 수 있다.

어떤 일이 닥쳤을 때를 대비한다는 마음보다는 움직일 수 있을 때 자신을 위해 일하는 것이다. 그렇게 움직일 수 있을 때 인생을 더 즐겨야 결과적으로 오래오래 건강하게 살 가능성이 커진다.

실험은 젊을 때만
허용되는가

중고등학교 교과에는 과학 실험 수업이 있다.

대부분 어떤 결과가 나올지 대충 교과서에 적혀 있다. 준비나 실험 방법도 선생님이 자세히 설명해 준다. 그러니까 실험이라고는 하지만 결과를 아는 실험이다.

원래는 어떻게 될지 예측할 수 없는 것을 실험이다. 어떤 결과가 나올지 모르니까 실험해 보는 것이다. 예상했던 것과 완전히 다른 결과가 나오는 일도 있다.

하지만 그렇다고 해서 실험이 실패하는 건 아니다.

어떤 결과가 나올지 모르기 때문에 실험해 본 것이다.

예측과 기대는 있지만 생각대로 결과가 나올 것이라는 보장은 없다. 예를 들어 자신의 진로, 지망 학교나 직장, 직업을 결정하는 것도 실험하는 마음으로 하면 된다.

실험이라고 선을 그어버리면 예상이나 기대와 달라도 아쉽거나 절망할 일은 없다.

다른 실험에서 답을 찾으면 된다.

일하는 순간순간도 실험의 반복이다. 기획하고 발표하고 상사에게 반론해 보는 것도 실험이라고 생각하면 '안 돼도 그만.'인 것이다. 실패하면 '데이터를 조금 더 모을 걸 그랬네.'라며 다음 실험을 준비할 수 있다. 기술 관련이라면 평소 업무가 실험의 무한한 반복이다.

생각해 보면 사회에 막 나왔을 때는 모조리 다 실험이었다. 해보지 않으면 모르는 것투성이다. 실험을 반복하는 과정에서 점점 결과를 예측할 수 있게 되고 '이건 하면 안 되겠다.', '여기서 움직이면 실패할 가능성이 높은데.'라는 걸 알게 된다. 조금씩 현명해지는 것이다.

그렇게 커리어가 점점 쌓이면 실험을 더 이상 하지 않는다. 굳이 하지 않아도 대부분 예측할 수 있기 때문이다. 조금이라도 실패할 가능성이 보이면 실점이 두려워 안전책을 취한다. 지위 보전이 우선시되는 것이다.

그런 경험만을 줄곧 쌓으면 어떻게 될까?

무사히 정년을 맞이하고 엄청난 자유를 얻게 된다. 하지만 이미 지위나 커리어에 매달리지 않아도 되는 인생이기에 더 이상 실패 가능성이 있는 실험은 하지 못한다. 나이를 따질수록 악조건이나 불편한 상황이 먼저 떠오르기에 더 그렇다.

'이 나이에 실패라니, 흉하다.', '나이를 생각해라.'라며 자신에게 되뇐다. 나이의 주박에 사로잡히는 것이다.

나이가 든다는 것은
모든 이가 처음 경험하는 영역

조금 이상하다.

나이가 든다는 것은 누구나 처음 경험하는 영역이다. 나이가 든 후의 인생은 해마다 누구나 처음 경험하는 순간순간이라는 뜻이다. 게다가 개인차도 크다.

교과서도 없다. 방송이나 인터넷에서는 유명인이나 온갖 사람들이 나와 나이가 들지 않게 노력하는 모습을 소개하고 있다. 하지만 개인차나 생활 조건, 그리고 환경을 생각하면 그대로 흉내 낼 수 없다.

그런 사람들도 나이가 든다는 걸 느끼면서 이것저것 시도해 보고 실패하든 수긍하든 즐길 수 있는 것들을 택하며 살아왔다.

나이가 든다는 것은 모든 이들이 처음 경험할 뿐만 아니라 실험

해 보지 않으면 모르는 것투성이인 영역이다.

이렇게 되는구나, 이런 거구나, 놀라기도 하고 깨닫기도 하는 부분이 얼마든지 나온다.

그럼 이런 건 할 수 있을까? 이렇게 하면 어떻게 될까? 호기심을 갖고 자신이 해 보고 싶었던 일들을 시험해 보는 것은 조금도 부끄러운 일이 아니라 오히려 중요한 실험이다. 고령이기 때문에 실험해 보지 않으면 모르는 게 더 늘어나는 것이다.

하물며 젊은 시절이나 책임감이 무거운 현역 시절과 비교하면 잃을 것도 없다. 자칫 실수했다간 잃을지도 모르는 지위나 커리어도 이제 없다. 고작해야 주변 사람들이 멍청하다고 손가락질하며 웃어넘길 정도다. 생각지도 못하게 유쾌한 결과가 나올 가능성도 있으니 그 정도야 큰일도 아니다.

고령이기에 더 실험할 수 있다. 실패하면 끝이라거나 돌이킬 수 없는 나이라는 생각에 결과가 어떻게 될지 모르는 일은 되도록 피하려고 하기 십상인데, 살아 있는 한 실험 정신을 잃지 말자. 그러면 젊은 마음을 유지할 수 있다.

더구나 노화는 하루하루 천천히 진행된다. 어제까지 대수롭지 않게 할 수 있었던 일을 내일은 쩔쩔매며 할 수도 있다. 그로 인해 모든 일에서 실험에 실험을 거듭하게 된다. 그걸 알았다면 나이가 든 후의 하루하루는 시험해 볼 것으로 가득해질 것이다.

호기심으로
나이를 탈출하자

실험이라고 생각하면 실패는 각오할 수 있다.

늙는다는 미체험 영역에 들어가 시도해 보는 모든 것들은 어떤 결과가 나올지 전혀 예측되지 않는다. 성공 또는 실패라는 확실한 결과가 나올지도 알 수 없다.

만약 집에만 틀어박혀 있으면 북적북적한 번화가에 가까이 갈 일이 없다. 고작해야 가까운 역 주변이나 어슬렁거릴 뿐이다. 도쿄로 따지면 신주쿠나 시부야 같은 화려한 번화가에 밤늦게 나갈 일이 없는 것이다.

'이제 예전처럼 술도 못 마시겠고.'

'집에 가는 전철 안에 사람이 많아서 피곤해.'

'내가 알던 가게도 이미 없어진 지 오래고.'

'젊은 사람들밖에 없어서 왠지 무서워.'

이유야 많이 있겠지만 피곤하다는 핑계로 외출할 마음조차 들지 않는다.

하지만 '지금은 어떻게 변했을까?'라는 호기심을 가지면 이야기는 달라진다.

내가 먹고 마시겠다는 마음이 아니라 '잠깐 나가서 좀 걸어 볼까?'라는 기분으로 초저녁부터 북적이는 사람들 틈에 섞여 보는 것이다. 직장 다니던 시절에 자주 술을 마시러 가던 곳이면 길을 헤맬 일도 없고 이상한 가게에 걸릴 일도 없다.

한번 걸어보면 신기하게도 머릿속에 지도가 떠오른다. 이 골목이었지? 저 막다른 길에 한적한 바가 있었는데…. 차츰 후각도 예전으로 돌아온다.

그러면 흥미가 생긴다.

자주 가던 단골 술집이나 바가 아직도 영업하고 있다는 사실에 깜짝 놀라기도 한다.

훌쩍 들어가 보면 사장도 벌써 나이가 들었거나 가게를 물려받은 자식이 있기도 한데, 그건 이쪽도 마찬가지다.

"아니, 아직 안 망했어요?"

"귀신인 줄 알았잖아요."

거리낌 없는 대화를 주고받으며 옛이야기로 웃음꽃이 핀다.

모든 것이 변해서 젊은이들만 가득한 거리가 되었다고 해도 실패했다는 생각은 하지 말자. 길을 잘못 들어 유독 혼자 튀는 할아버지 할머니 역할에 충실해 즐겁게 구경하며 걷는 것도 집에 틀어박혀 있을 때는 맛볼 수 없는 색다른 기분이다.

'그렇구나. 텔레비전으로 봤을 땐 밤의 번화가는 가까이 가고 싶지 않았는데, 젊은 애들도 다들 마실 곳을 찾느라 고생 좀 하는구나.'

그런 모습도 보면 왠지 모르게 유쾌해진다.

젊은 시절의 작은 실패가
오히려 여유를 가져다 준다

한창 일하던 시절, 무언가에 푹 빠졌다가 심하게 덴 경험이 있는가?

마작에 빠져서 일에 펑크를 냈다거나, 월급을 다 써서 친구에게 빌린 적이 있다거나 하는 그런 소소한 실패를 말한다. 정년까지 성실하게 살아온 사람이니 가정을 파탄 내거나 개인 파산을 할 정도로 큰 실패는 아니다.

그럼에도 조금은 쓰라린 경험이다.

그런 일들은 의외로 마음에 걸림돌이 되어 고령에도 쉽게 손을 대지 못한다. 갬블이나 도박이 좋은 예다.

'값비싼 인생 경험했으니 다시는 알짱거리지 말아야지.'라며 스스로 금지령을 내린다.

그런데 오히려 심하게 덴 후로 적당히 즐기는 사람도 있다. 이런 걸 내공이라고 해야 할까, 이제는 반짝반짝 빛나는 나이대가 아니기 때문인지 오락으로 즐기는 것이다.

예를 들어 상점가나 번화가 골목 한구석에 '건강 마작'이라고 내기를 걸지 않고 게임을 즐길 수 있는 공간이 있다.

젊은 시절에 푹 빠진 적이 있는 사람일수록 돈을 못 거는 마작이 있냐며 깔보는 경향이 있는데, 게임 감각으로 하니까 웬만큼 재미도 있어서 고령의 남녀가 꽤 열을 올리며 테이블을 둘러싼다고 한다.

당구도 어느 세대에게는 추억의 게임이다.

젊었을 적 치던 당구 실력은 몸이 기억한다. 머리가 하얗게 센 고령자가 큐라고 불리는 긴 스틱을 잡은 모습은 제법 멋진 그림이다. 그렇게 체력이 필요한 게임도 아니라서 나이가 들어도 어느 정도 즐길 수 있다.

경마도 그렇다. 마권을 사는 즐거움을 뺄 수는 없지만, 젊었을 때 호되게 당한 적이 있다면 역시 적당히 즐기는 기술이 몸에 배어 있다.

독기가 바짝 올라 모 아니면 도라는 식으로 승부를 걸지도 않는다. 그야말로 소액의 싼 마권을 사서 마음에 드는 말을 응원하기만 해도 즐길 수 있는 것이다.

그렇게 이것저것 떠올려 보면 '젊은 시절에 했던 실패'에도 즐거움의 씨앗이 보인다.

'이래 봬도 나이를 거저먹은 건 아니다.'

이 마음만 있다면 푹 빠질 수 있는 세계가 눈앞에 펼쳐지고 그 지경도 상당히 넓어질 것이다.

나를 자유롭게
만들어 주는
삶을 택해라

나이를 의식하지 않는 중요한 방법은 자신의 마음에 '자유'를 주는 것이다. 이제까지 옭아맸던 나이에 자유를 덧입혀야 한다. 사람들이 있는 곳에 참여하고 즐기며 더불어 사는 매력을 느낄 때 가능해진다. 그러면 갈 곳이 생기고 하고 싶은 일에 의욕이 생긴다.

마인드리셋
간단하게 성공하기

사람들이 저마다 가진 인식이나 무의식적 사고 패턴을 마인드셋이라고 한다. 마음이 묶여 있는 상태다.

더 나아가 고정된 생각이나 관념의 틀에서 벗어나 새로운 사고 패턴으로 대체하는 것은 마인드리셋이다. 이를 글로 쓰면 아주 간단한데 실천하기에는 상당히 까다롭다.

예를 들어 모든 일을 비관적으로 받아들이는 사람이 '낙관적으로 되어야지.'라고 마음먹는다고 해서 쉽게 되는 게 아니다. 이미 물들어 있는 사고 패턴을 리셋하기란 쉬운 일이 아니다.

그런데 나는 이 마인드리셋을 의외로 간단히 성공했다.

나는 원래 '모든 일에는 반드시 정답이 있다.'라는 사고 패턴을 갖고 있었다. 아무리 어려운 문제나 과제라도 그것을 해결하는

답이 한 가지 있고, 그 한 가지를 찾으면 된다고 믿으며 살아왔다. 아마 학교 교육과정에서 주입된 사고 패턴일 것이다.

정신 분석을 배울 때도 이 사고 패턴은 이어졌다. '다른 학자들에게 지고 싶지 않아.'라는 경쟁이 생긴 것도 정답을 찾는 공부만 해 왔기 때문이다.

그런데 어느 순간 '정답은 반드시 하나가 아니다. 몇 가지나 된다.'라는 생각에 이르렀다. 실제로 정신과 의사로 의료 현장에서 일한 지 몇 년이나 지난 후의 일이다.

마음에 불안이나 고민을 가진 사람에게 내가 옳다고 생각하는 정신 분석 이론을 적용했는데도 문제가 해결되지 않는 케이스가 종종 나오는 걸 보고 아차 싶었다.

그래서 '이상하다', '이럴 리가 없는데?' 하고 고민하다 '그럼 이쪽 이론은 어떨까?'라며 시도해 보았다. 그런데 답이 아니라고 생각했던 이론이 훨씬 더 문제 해결에 도움이 되었다.

'정답은 하나가 아니다. 몇 가지나 된다.'라는 걸 받아들였더니 공부 방법도 달라졌다. 그때까지는 오로지 하나 있는 정답을 찾아내기 위해 공부했다면 이후 여러 가지 정답을 찾는 것으로 방법을 바꾸었다.

하나만 궁극적으로 파고드는 것이 아니라 지식의 폭을 넓히는 것이 중요하다는 걸 깨달은 것이다.

그랬더니 치료 현장에서도 같은 환자에게 여러 가지 이론이나 해석을 적용하여 유연하게 대응할 수 있게 되었다. 정신과 의사로서 자신감도 조금씩 생겨나기 시작했다.

어떻게 해야
편해질까

내가 간단히 마인드리셋에 성공한 이유는 그렇게 해야 속이 편하다는 걸 깨달았기 때문이다. 단 하나의 정답을 찾기 위해 고생을 하는 것보다 여러 가지 답이나 사고방식을 익히는 게 편하다. 응용도 할 수 있고 대응할 수 있는 상황도 늘어난다.

겨우 단 하나의 답을 찾아냈는데 그게 들어맞지 않으면 정말이지 괴롭다. '대체 왜?'라며 고민에 빠지기 때문이다. 그래서 막다른 길에 몰리고 만다.

그런데 '이게 안 되면 이걸 시험해 보자.'라고 패턴을 바꾸면 마음이 편해진다. 이것저것 시험해 보고 정답에 도달하지 못했을 때도 더 나은 답을 찾아낼 수 있다. 이런저런 방법으로 최선은 다해 볼 수 있는 것이다.

적어도 한 가지 답에 묶여서 꼼짝하지 못하기보다는 선택지가 많아야 포기하지 않고 더 알맞은 방법을 생각해 낼 수 있다.

고령에는 어느 상황에서든 편한 방법을 찾아야 한다.

무언가 계획해서 실행에 옮기는데 정한 대로 진행하기가 어려운 상황은 얼마든지 생긴다. 젊을 때는 체력만 믿고 억지로 밀어붙일 수도 있었는데, 체력이 떨어지고 끈기도 없어지니 그것도 안 된다.

그런데 거기서 포기하면 '역시 나이가 들었으니 어쩔 수 없지.'라며 계획조차 세우지 못한다. 결국 '이것저것 손대지 말자. 세월 앞에 장사 없으니 조용히 살자.'라는 결론에 이르게 된다. 실제로 여행이나 오락, 배움에서 실패 한 번 하면 정나미가 떨어진다. 누가 재미난 제안을 갖고 와도 '난 그만 됐어.'라며 지레 포기하고 등을 돌린다.

반대로 편한 방법을 택해서 한 번이라도 성공하면 '어떻게든 되긴 되는 거구나.'라고 자신감이 붙어 가벼운 마음으로 제안을 받아들이게 된다.

주위 사람들의 손 빌리기, 경험자에게 도움받기, 스케줄 여유 있게 짜기, 서둘러서 단계 밟지 않기…. 찾아보면 편한 방법이 무궁무진하게 나온다. 나이가 들면 약간의 투정이나 편의도 용납된다는 사실을 기억하자.

어떤 계기가
새로움을 가져올지 모른다

편한 방법을 택한다는 것은 무엇이든 가능하다고 믿는 사고방식이다. 그러기에 한 가지 방법이나 정답에 얽매이지 않고 여러 가능성을 열어 두면 유리해진다.

자신이 옳다고 생각한 것에 묶여 있으면 아무래도 자유롭지 못하게 된다. '저쪽도 괜찮은 것 같은데 이미 이걸로 정해 버렸으니.'라고 단정해 버리면 어떤 상황이든 쉽게 움직이지 못한다. 앞서도 이야기했지만 '어떻게 될지 모르겠지만 아무튼 시험이나 해 볼까?'라는 정도의 마음을 갖고 있어야 살기 편하다.

예를 들어 계속 꺼림칙해서 피해 왔던 것이 있는데 어떤 계기로 '생각보다 재미있네?'라는 마음이 들 때가 있다. 음식과 취미, 오락도 그렇다. 왠지 꺼림칙해서 손도 대지 않던 요리였는데 누군가 괜찮으니까 먹어 보라며 권해서 먹어 봤더니 깜짝 놀랄 정도로 맛있었다는 이야기도 종종 듣는다.

그러면 '맛있네. 왜 그동안 안 먹어 봤을까.'라며 후회한다. 겉으로 판단하지 말고 처음 보는 요리도 일단 먹어 보지 않으면 손해라는 사실을 깨닫는 것이다. 편견을 갖고 있던 것이 하나 사라진다는 것은 그만큼 마음이 자유로워진다는 뜻이다.

개인적으로는 스포츠에 그런 마음이 있었다.

어느 날 대학 스모부 연습을 가까이에서 견학할 일이 생겼다. 니혼대학 이사장으로 취임한 하야시 마리코 씨의 적극적인 구애로 상무이사를 맡게 됐을 때다.

애초에 스포츠를 싫어하는 데다 하물며 스모 같은 격투기와는 전혀 인연이 없다고 생각했다. 그런데 땀을 뚝뚝 흘리며 연습하는 모습을 눈앞에서 보고는 그 압도되는 맛과 진지한 모습에 매료되었다.

결국 니혼대학의 팬이 되었다. 대학 개혁을 위해 할 수 있는 모든 힘을 다해야겠다는 마음이 들었다. 편견이 하나가 사라지니 마인드리셋이 자연스럽게 이루어진 것이다.

한 발 내디딜 때
목표가 생긴다

고령이 된다는 것은 여러모로 자유로워진다는 것이라고 여러 번 강조했다.

그런데 고령이 된다는 것은 동시에 여러 가지 편견에 사로잡히는 것이기도 하다. 오래 살아온 만큼 그때까지 겪은 경험이나 사고방식으로 답을 도출해 내고, 그 답에 매달리는 경우가 많기 때문이다.

남들 앞에 서는 것은 물론이고 노래 부르는 것도 싫어하던 70대 여성에게 친구가 합창단에 들어오라고 제안했다.

솔직히 그녀는 목소리와 성량에 자신이 없는 데다 음치이기까지 했다. 게다가 1년에 한 번은 관객들 앞에서 발표회까지 한다고 해서 겁이 났다.

친구는 포기하지 않고 계속 설득했다.

"노래 못 해도 괜찮아. 선생님이 발성부터 다 가르쳐 주고, 여든 넘은 분들도 있다니까."

그녀는 마지막까지 고민하다가 "일혼 넘어서 처음 새로운 세계를 경험한다는 게 얼마나 웃겨!"라는 친구의 말에 자신감을 얻고 합창단에 들어갔다.

그런데 일주일에 한 번 있는 연습에 나가고 나서 바로 기대감이 차올랐다. 나이가 더 많은 여성과 남성이 섞여 있었다. 아래로는 고등학생을 포함해서 10, 20대 젊은이들까지 있으니 세대를 뛰어넘어 즐겁게 이야기하는 자리가 되었다.

동년배로 보이는 남성이 지도해 줬다. 거리낌 없이 즐겁게 가르쳐 주니까 이 여성은 자신이 음치라는 사실도, 목소리가 크게 나지 않는다는 것도 점점 신경 쓰지 않게 됐다. 지도자가 각각 성량이나 목소리 질에 맞춰 합창 파트를 정해 주기 때문이다.

합창단 연례 발표회는 바흐의 칸타타. 독창과 합창으로 구성되는 성악곡을 말하는데 무대에 전원이 올라가 나란히 서서 노래를 몇 곡이나 불러야 했다. 물론 이 여성도 무대에 섰다. 하지만 처음의 소극적인 모습은 온데간데없었다.

"꿈만 같았어요. 언젠가 독일이나 프랑스에 가서 본고장의 칸타타를 들어보고 싶어요. 합창단 친구들과 투어 계획도 세웠어요. 아주 설레는 일이죠."

　사람들 앞에 서기도 싫어했고 노래는 아예 못 부른다고 믿었던 사람이다. 그런데 매주 레슨을 받고 1년에 한 번 있는 무대에 큰 맘 먹고 도전하더니, 이제는 노후 인생에 큰 계획이 생긴 것이다.

독학을 하면
발전이 없다

나이가 들어도 학구열을 잃지 않는 사람은 멋있다.

몇 살이 되었든 책 읽는 즐거움을 가질 수 있고 흥미 있는 분야의 공부를 꾸준히 하는 사람도 많다.

그런데 고령이 되면 더 이상 발전하기가 어렵다. 독학만 하다 끝나는 경우가 많다.

이유는 여러 가지가 있다.

귀가 잘 안 들리고 눈도 침침하고 기억력이 나빠져서 배워도 진도가 나가지 않는다. 신체적 노화 때문이다.

젊은이들 사이에 섞여서 무언가를 한다는 것에 대한 부담감이나 사람들에게 짐이 될 것 같다는 걱정이 생긴다. 역시 나이를 의식하기 때문이다.

나는 나이에 상관없이 학구열이 있는 사람을 무조건 존경한다.
그래서 응원하고 싶은 마음이 든다.

그런 사람들에게는 "열린 곳으로 가자!"라는 말을 꼭 해 주고 싶다. 나이가 들면서 여러 가지 핸디캡을 의식하는 건 안다. 하지만 좋아하는 독서나 공부 세계에서 나이의 주박만큼은 벗어 던졌으면 한다.

나이의 주박 중에 옹고집이 있다. 나이가 드는 게 창피해서 숨기고 싶고 한심하게 바라보는 마음 때문에 남들 앞에 나가기를 꺼리게 된다.

그러면 하고 싶은 공부가 있어도 '남들 페이스에 휘둘리기 싫은데.', '모임에 안 나가도 혼자 공부할 수 있잖아.'라는 핑계가 생긴다. 책이나 교재를 사서 혼자 공부하는 것이 자신만의 방식이라고 믿는다.

하지만 이런 방법은 자유롭지 못하다. 벽에 부딪히면 거기서 막히게 되고, 레벨이 어느 정도인지 알 수도 없을 뿐만 아니라 성과를 시험할 수도 없다.

그리고 무엇보다 발전이 없다. 예전에 내가 그랬듯이 한 가지 답만 추구하는 공부를 하게 된다.

오히려 여러 사람의 생각이나 공부법을 알아야 답을 여러 개 만날 수 있다. 지식의 폭도 넓어진다. 머릿속을 뒤죽박죽 섞어 버리자는 마음으로 오픈된 곳에서 공부해 보자.

다른 사람들과 공부를 주제로 이야기를 나누면 새로운 소통의 장이 마련된다.

더불어 지적 탐구의 질도 높아진다.

라이벌 의식은
나이와 관계없다

아이러니하게도 배움의 여유를 가진 사람은 젊은이나 현역 세대가 아닌 고령자다. 나이에서 오는 핸디캡을 내려놓고 착실히 공부하는 80, 90대가 얼마든지 있다.

어떤 분야를 공부하다 보면 성과를 느끼고 싶어진다. 지금까지 풀지 못했던 문제도 풀어보고 싶고, 실행하지 못했던 일도 도전하고 싶어진다. 외국어를 배우면 외국인과 대화도 하고 싶어진다. 그런데 독학으로 공부하면 남들과 대화할 기회를 좀처럼 잡기가 힘들다. 무언가를 배울 때도 마찬가지다. 성과를 발표하고 경쟁도 하고 싶어진다.

그러려면 역시 혼자보다는 그룹이나 소모임에 들어가서 배우는 게 더 좋다. 그런 고령자들의 수요에 따라 자치체나 지역에서는 응답하고 있다. 배움의 자리나 기회도 많이 준비되어 있고 커리큘럼도 풍부하다. 수강자도 많다.

이런 자리에는 여성들이 친구들과 함께 참가하는 경우가 많은데, 남성들은 여전히 독학을 선호하는 사람이 많은 것 같다. 실제로 문화센터를 견학해 보면 교실의 70~80% 정도는 여성이다.

다양한 세대나 지식수준을 가진 사람들과 한데 어울려 공부하면 자극도 받고 보는 관점이 넓어진다. '그런 해석도 가능하구나.', '간단한 암기 방법이 있었구나.'라며 기분이 편해지기도 하고 발상의 폭이 넓어진다. 전체적으로 시야가 넓어지면 그때까지 갖고 있던 옹고집도 사라지고 마음이 편안해진다.

열린 곳에서 배우면 장점은 그뿐만이 아니다. 누군가에게 배우거나 그룹으로 수업에 참여하면 가까운 목표가 생기고 존경하는 스승도 생긴다.

'일단 이 사람만 따라가자.', '어떻게 공부하는지 좀 가르쳐 달라고 할까?'라는 마음도 자연스레 생긴다. 대체로 남성은 여성처럼 그룹으로 참가하는 걸 꺼리지만 라이벌이 나타나면 의욕적으로 변한다. 이는 젊은 시절부터 변하지 않는 습성이다.

그런 마음이 생기면 마음이 점점 젊어진다.

나이가 몇이든
스승은 스승이다

어떤 공부를 하든 열린 마음으로 배우기로 마음먹으면 가르쳐 주는 사람이 나타난다.

강습받을 때는 강사가 있고 그림이나 음악 강좌에도 선생님이 있다.

스승의 나이는 자신보다 한참 위일 수도 있고 아래일 수도 있다. 문화센터 강좌 강사가 고등학교 시절의 교사나 교장이었던 경우도 종종 있다.

그림이나 악기를 가르쳐 주는 선생님이 자녀와 친구일 때도 있고, 자신이 가르쳤던 제자일 수도 있다.

하지만 몇 살이든 스승은 스승이다.

자신보다 훨씬 더 많은 지식과 기술을 갖췄고, 더 열심히 배우려고 할수록 진지하게 가르쳐 준다.

그렇게 배우다 보면 나이를 완전히 잊게 된다.

나는 학생이고 상대는 선생이다.

그런 관계 속에서는 상대방의 나이나 본인의 나이를 의식하는 일이 없다. 나이가 전혀 상관없는 세계다.

일흔이 넘은 나이에 수채화를 배우기 시작한 남성이 있다. 고등학교 시절까지 미술부였던 그는 그림을 좋아했다. 다니던 직장을 정년퇴직하고 재취업해서 일하고 있었는데, 다시 한번 그림을 제대로 공부하고 싶어졌다.

처음엔 '수채화는 물감과 붓만 있으면 되는데, 뭘.'이라며 혼자서 공부할 생각이었다. 그런데 자치체의 강좌 안내에 수채화 코스가 있어서 불쑥 배워 보고 싶은 마음이 들었다.

강사는 미대를 나와 아이들에게 회화를 가르치는 아직 30대 초반의 남성이었다.

'이렇게 젊고 무명인 선생님한테 배워도 괜찮을까?'라는 마음도 들었지만, 붓을 잡게 된 게 거의 60년 만이었으니 적당하겠다 싶어서 편한 마음으로 배우기 시작했다.

그런데 선생님은 생각지 못하게 열정적이었고, 10명 정도 수강생이 있는 강좌도 활기가 넘쳤다. 먼저 데생부터 시작했는데 고등학교 미술부 시절과 완전히 달랐다. 제대로 배우는 데생 공부는 상당히 어려웠다.

그러다 점점 더 그림에 빠지게 됐다. 처음에는 왠지 미덥지 않은 선생님이었지만 스승이라는 의식이 점점 강해졌다.

그러자 마흔이라는 나이 차는 어느새 사라져 버렸다.

'내가 아직 고등학생 때 마음 그대로구나.'라는 생각이 들자 마음도 점점 젊어졌다. 아내에게 "당신 표정이 왜 이렇게 밝아?"라는 말을 들었을 때는 기뻐서 어쩔 줄 몰랐다고 한다.

아웃풋이
뇌를 활성화한다

열린 곳에서 공부하면 발표할 기회가 많이 생겨서 좋다.

그럴뿐 아니라 어떤 공부든 자신의 의견을 발표하거나 문장으로 정리해 교실에서 토론할 수도 있다.

독학에는 이런 게 없어서 그냥 읽고 외우면 끝이다.

그런데 기억력이 떨어지면 외우기가 더 힘들어진다. 게다가 인풋만 해서는 뇌가 크게 자극받지 않는다.

그런 점에서 아웃풋, 그러니까 발표하거나 쓰거나 토론하는 작업은 몇 살이 되어도 뇌 전체를 자극해서 활성화한다. 다시 말해 고령자의 뇌를 활성화하는 것은 인풋이 아닌 아웃풋이다.

대학교수처럼 지적인 일을 하는 사람들은 몇 살이 되어도 뇌가 젊은 줄 알지만 그건 큰 착각이다. 문헌을 읽고 자신이 예전에 쓴

책을 교재로 삼아 강의할 뿐, 뇌가 점점 노화되어 치매에 걸리기도 하고 새로운 발상도 할 수 없게 된다.

나이가 들어도 새로운 논문을 쓰고, 학생들과 열띤 토론을 하고, 자신의 학설을 알기 쉽게 일반서로 정리하는 아웃풋 작업을 하는 부지런한 교수가 아니면 뇌의 젊음을 유지하기란 어렵다.

단언컨대 젊은 뇌는 권위나 나이를 따지지 않는 자유로운 삶에서 생겨난다.

그런 의미에서도 무언가를 배우고 싶다면 우선 아웃풋 기회가 있는 곳을 찾도록 하자.

예를 들어 소설을 쓰고 싶다면 자기만의 세계에만 빠지지 말고 (그건 그것대로 중요하지만) 소설 교실이나 스터디 모임 같은 열린 장소에 참여해 보려는 마음이 필요하다.

나에 대해서
내가 제일 모른다

누구나 그렇지만 자신은 자신이 가장 잘 안다고 생각한다.

어떤 성격을 가졌고 어떤 인간인지, 장단점을 모두 포함해서 자신이 가장 잘 안다고 생각한다. 그게 옳은지 아닌지는 둘째치고 나이가 들면 점점 그렇게 믿는 사람이 많아진다. 어차피 제일 오래 본 사람도 자신이니 그렇게 믿는 것이다.

그런데 한편으로는 의외로 자신에 대해 잘 모른다는 생각이 들기도 한다.

예를 들어 자신은 스스로 신중한 성격인 줄 알았는데 주변 사람들이 입을 모아 대담하다고 할 때가 있다. 자신이 생각하는 성격과 주변 사람들이 생각하는 성격이 정반대인 경우가 의외로 많은 것이다.

만약 누군가가 뭔가를 해 보라고 권했다면 그 사람은 가능성이 있다고 생각했기 때문에 제안을 한 것이다. 그렇게 받아들이면 된다.

그럴 성격이 아니고 그럴 능력도 안 된다고 자신은 생각할 수 있지만 말을 걸어 준 사람은 문제가 없다고 본 것이다. 다시 말하면 제안받은 시점에서 이미 합격했다는 뜻이다.

'이 사람에게는 어울리지 않겠는데.'

'따라오기 힘들 것 같은데.'

이런 걱정이 있으면 굳이 제안하지도 않는다. 공부든 취미든 레슨이든 누군가 제안해 준다면 '내게 희망이 있구나.'라는 정도로 받아들여도 괜찮다. 그 사람의 말을 믿고 가볍게 발을 내디뎌 보자는 것이다.

나이의 주박에 사로잡혀 있으면 '나는 이런 인간이고 이 나이에 바뀔 리가 없어.'라는 편견이 점점 강해진다. 젊은 시절에는 자신을 잘 몰라서 이런저런 일에 도전해 본다. 하지만 딱히 실험도 하지 않고 안전한 선택만 하며 살아왔다면 자신에 대해 모르는 채로 늙어갈 가능성도 있다. 나이가 어떻다느니, 기억력이 나쁘다느니, 끈기가 없다느니 아무래도 부정적인 재료만을 바라보고 거기에 얽매이게 된다.

누군가에게 제안받고 가벼운 마음으로 한 발짝 내디뎌 보면, 지

금까지 알지 못했던 나와 만날 기회가 생길지도 모른다. 한창 일
할 때는 성실하고 모험을 꺼렸던 사람이 나이가 들면서 아주 작은
일을 계기로 자유롭게 살게 되기도 한다.

"한번 해 보지 않을래?"

누군가의 한마디에 가볍게 발을 내디뎠다가 자유를 찾았다는
사람이 의외로 많다.

젊은 전두엽으로
나이의 주박을 물리쳐라

전두엽이 호기심이나 설렘을 만들어 낸다.

간단히 말해 자유를 추구하는 뇌가 전두엽이다.

발상이나 사고의 자유, 행동의 자유…. 자신을 얽매지 않고 마음이 원하는 대로 살아가는 상태는 전두엽에 쾌감을 준다.

그런데 나이가 들면 보통 두 가지 방법 중 하나를 선택해서 살게 된다.

하나는 나이를 극복해서 젊고 건강하게 적극적으로 사는 것이고, 다른 하나는 나이를 거스르지 않고 받아들이며 평화롭게 순응적으로 사는 것이다.

세상에서는 종종 전자 쪽이 주목받는다. 90대가 되어도 아직 건강하고 활동적으로 사는 사람은 신체적인 트레이닝에서든 식

생활에서든 활기가 넘친다. 정말 대단해서 감탄밖에 나오지 않는 경우가 많다.

후자의 삶에도 납득하거나 공감하는 사람이 많다. '평화롭게 사는 게 최고지.', '나도 무리하지 않고 자연스럽게 살고 싶어.'라며 그런 삶을 꿈꾼다.

하지만 나는 본인이 자유롭게 살고 있는지가 제일 중요하다고 생각한다. 어느 쪽 삶이든 나이가 느껴지지 않는 사람들은 자유롭게 살아간다는 공통점이 있다.

힘이 넘치는 고령자는 그게 즐거울 것이고, 하고 싶은 일도 따로 있을 것이다. 꼭 이루고 싶은 일이 있기에 소망을 속으로 삭이지 않고 마음이 시키는 대로, 마음이 향하는 대로 움직인다. 옆에서 보면 노력하는 것처럼 보이지만 자신은 하고 싶은 일을 하는 것이라 행복하다.

늙음을 받아들이고 평화롭게 사는 사람은 어떨까?

역시 마찬가지다. 책을 읽고 하루를 보낼 수 있다면 더 이상 바랄 게 없다거나, 옛날 영화를 보면 옛 추억들이 떠올라 눈 깜짝할 새에 하루가 끝난다거나. 그런 평화롭고 고요한 삶도 마음의 자유가 없으면 즐길 수 없다.

매일 정해진 일과나 집안일, 운동을 '오늘은 그냥 넘어갈까?'라며 깨끗하게 포기하고 좋아하는 시간을 소중히 쓸 수 있는 사람이다. 그래서 전두엽이 설레는 시간을 우선시할 수 있다.

이 두 방법에 공통된 것이 하나 더 있다.

자신의 나이를 잊어버리고 나이의 주박에 사로잡히지 않는다는 점이다.

해맑게
나이 드는 비결

누군가를 보면서 '참 젊게 산다.'라고 생각했다면
이제 그 주인공은 당신이 되어야 한다.
자기 마음이 원하는 대로 뛰어 놀도록 해 보자.
이제부터 사는 삶은 이전에 그리던 일상과는
전혀 다른 느낌으로 채색될 것이다. 기대하시라.

유명인도
특별한 사람이 아니다

다양한 고령자의 삶이 책으로 나오거나 방송으로 소개되는 경우가 많아졌다.

100세 가까이 살면서도 현역 시절에 가졌던 빛을 잃지 않는 사람들이다. 대부분 배우나 예술가, 혹은 학자나 연구가들이 많은데 그들이 젊음을 유지하는 비결도 소개된다.

그런 걸 보다 보면 '역시 몇 살이 되어도 큰 꿈이나 목표가 있고, 그걸 실현하기 위한 열정이 없으면 안 되겠네.'라는 생각이 든다.

예를 들어 99세에 세상을 떠날 때까지 소설을 쓰고 세대를 초월해 많은 사람에게 이야기를 들려준 세토우치 자쿠초는 자유롭게 살던 여성의 이미지였다. 하지만 그녀는 머리를 밀고 득도하여 절에 들어가는 인생을 선택했다.

세토우치에게는 가장 큰 모험이었을 것이다.

하지만 인생의 잡다한 것들을 전부 버린 세토우치는 오히려 홀가분하지 않았을까? 그리고 그때부터 진정으로 자유로운 인생을 보냈을 수 있었지 않을까.

그에 비해 나는 어떤가. 남자인 나는 정년퇴직을 해서 이제 할 일이 없다. 큰 꿈도 없고, 이제부터 무언가를 시작하려고 해도 소소한 계획밖에 떠오르지 않는다. 집안일만 하던 여성도 마찬가지다. 오랜 육아를 마치고 드디어 내 시간이 생겼는데도 큰 목표나 계획이 떠오르지 않는다.

하지만 알려지지 않았을 뿐이지 오래오래 말년까지 젊음을 잃지 않는 사람도 있고 행복하게 하루하루를 보내는 사람도 있다. 90대 후반이나 100세가 넘어도 매일 삶을 즐기면서 쾌활하게 사는 사람도 드물지 않다.

그런 사람들에게는 딱 하나 공통점이 있다.

자유롭게 사는 것이다.

그리고 그 자유를 행복하다고 느끼는 것이다.

번잡한 인간관계는 이미 손에서 내려놨다. 하지만 독거 생활을 즐기면서도 세상에 등을 돌리지 않는다.

'내 주변에는 좋은 사람들밖에 없어.'

그들은 이 정도만 생각하고 있지 않을까? 자쿠초 씨도 말년에는 그런 심경이었을 것이다.

　나이가 들어도 행복하게 사는 사람은 자신에게 생긴 자유를 만끽하는 사람이다. 누구나 육체적 불편함은 다소 갖고 있을 테니 이것은 마음의 자유라고 할 수 있다.

　이 자유는 남녀 상관없이 모든 고령자에게 주어진다. 나이들어 유일하게 누릴 수 있는 특권이 바로 자유다. 어디에 살든지 그 자유를 충분히 즐길 수 있다.

　자쿠초 씨는 결코 특별한 사람이 아니라 툇마루에서 하루 종일 햇볕을 쐬며 꾸벅꾸벅 조는 할머니랑 똑같다. 나이가 들면서 평등하게 얻을 수 있는 자유를 마음껏 즐긴 여성이다. 그것은 우리네 주변 어디에서나 볼 법한 행복한 미소를 머금은 할머니, 할아버지의 모습과 같다.

삶을 그려 나간다는
감각

젊었을 때 눈코 뜰 새 없이 바쁘게 살았던 사람이 많다.

체력에 한계가 올 때까지 온몸을 다해 일하고, 머리를 쥐어뜯으며 공부하거나 계획을 짜기도 했을 것이다.

직장이 없어도 가정에서 또한 바쁠 수 있다. 집안일이며 육아에 시달리지 않는가.

하지만 그런 바쁜 일들이 모여 하나의 삶을 이루어 왔다. 아침에 일어나서 잠들 때까지 멍때리고 있을 틈도 없이 '해야 할 일'들이 일과를 채우고, 그게 우리 삶의 리듬을 만들었다.

나이가 들면 당연한 말이지만 '해야 할 일'이 줄어든다. 하지만 하루 24시간, 젊을 때와 같은 시간을 살아내야 한다. 스스로 고민해서 자기 삶을 채워 나가야 하는 것이다. 몸이 움직이는 동안에는 할 수 있는 일을 열심히 찾아서 해야 한다. 그렇지 않으면 무료하게 하루를 버텨야 한다. 그게 몸의 기능을 점점 빼앗는다.

나이가 들어도 활기차고 행복하게 사는 사람들을 보면 삶을 그려 나가는 감각이 무척 유연하고 개성이 있다. 만족스러울 만큼 자유를 즐기면서 삶을 만들어 나가기 때문이다.

예를 들어 아침에 일어나는 시간만 해도 빠른 사람이 있는가 하면 늦은 사람도 있다. 계절을 불문하고 새벽에 번쩍 눈을 뜨는 사람도 있고, 새벽녘에 잠들었다가 낮에 일어나는 사람도 있다. 일찍 일어나는 사람은 당연히 밤에도 일찍 잔다. 낮잠 시간도 야무지게 챙긴다. 천천히 일어나는 사람은 밤을 새운다. 나이가 들면 일찍 자고 일찍 일어난다고들 하는데, 그렇게 하는 사람이 많다 뿐이지 생활 리듬은 사람마다 달라서 자신에게 맞는 리듬을 고르면 된다.

영화를 보거나 책을 읽는 시간을 좋아하는 사람은 저녁 시간이 제일 편안하다. 조용한 방에서 친구에게 편지를 쓰거나 일기를 쓰는 동안에 밤이 무르익으면 시간은 신경 쓰지 않고 졸릴 때 자면 된다. 그것도 자유를 얻었기 때문에 할 수 있는 일이다. 젊을 때는 '시간이 벌써 이렇게 됐네. 내일도 빨리 일어나야 하니까 얼른 자야겠다.'라며 억지로 잠을 청할 수밖에 없었다. 그걸 생각하면 얼마나 행복한 일인가.

하루의 시작과 끝이 자유라면 일주일을 보내는 방법도 자유다. 외출하거나 작은 여행을 굳이 주말에 끼워 넣을 필요도 없다. 평일 낮에도 취미나 공부 모임에 나갈 수 있다. 아무튼 백지상태에서 하루하루를 그리며 자신만의 삶을 만들어 갈 수 있다. 하고 싶은 일, 즐거운 일, 푹 빠질 수 있는 일…. 그런 일들을 하루나 일주일 계획에 어떻게 흩뿌려서 경험할지, 우선 천천히 그려 나가도록 하자.

사소한 일에
끌리는 마음

아흔이 넘은 할머니를 따라 산책을 나온 여성이 감탄한 듯 내게 말했다.

"할머니들은 계절 변화에 민감한가 봐요."

매화나무나 벚꽃 봉오리가 볼록해진 것, 민들레 잎이 퍼진 것, 파란 하늘빛이 살짝 옅어진 것, 새의 울음소리가 날카로워진 것, 나뭇잎의 녹색이 진해진 것…. 천천히 동네를 한 바퀴 도는 동안 그런 사소한 변화를 할머니가 제일 먼저 알아채고 가르쳐 줬다는 것이다.

"눈도 침침하고 귀도 잘 안 들리실 텐데 어떻게 저렇게 알 수 있을까요?"

나는 가만히 생각하다 답을 찾아냈다.

"아마 마음을 비운 채 산책하니까 외부에서 들어오는 자극에 민감해진 것이 아닐까요."

나도 최근부터는 자주 걷는 편이다.

전에는 조금만 이동해도 바로 택시를 탔는데 건강을 생각해서 조금이라도 몸을 움직이기로 했다.

그런데 걷기 시작하고 나서 계절의 변화나 바람의 온도, 혹은 길거리에 감도는 향에 민감해졌다는 걸 느낀다.

바깥 공기를 마시면서 걸으니 당연하다고 생각할지도 모르지만 그뿐만 아니다. 이제 갓 예순이 넘은 나이에 나이든 것에 대한 심경을 얘기하는 게 주제넘지만, 나도 이제 웬만큼 나이가 들었다는 게 느껴질 때가 있다.

그런데 나쁘지는 않다.

지금까지 신경도 쓰지 않았던 주위의 풍경에 민감해졌다는 것은 마음에 여유가 살짝 생기기 시작했다는 뜻 아닐까?

느긋하게 사는 고령자일수록 계절의 변화에 민감하다. 아무런 방해도 받지 않는 고령자일수록 자신을 둘러싼 세계의 사소한 변화를 있는 그대로 받아들인다.

이 또한 마음의 자유가 가져다준 행복이다.

그 행복으로 가득 찬 고령자는 나이를 완전히 잊어버린다. 해맑은 아이로 돌아간 것이다.

마음의 자유가 중요하다고 지금껏 이야기했는데, 결국 늙음을 걱정하는 것은 아무것도 아니다. 해맑게 늙어 갈 수만 있다면 마음은 자유롭게 훨훨 날아갈 수 있다.

지금 당장 나이의 주박을 던져 버리자. '벌써 ○살이 됐네.'라며 자신에게 채운 족쇄를 벗어 던지는 것부터 시작하자.

지금은 나이의
주박을 벗을 때

여러분은 이 책을 읽으면서 어떤 생각이 들었나요?

'나도 나이의 주박에 묶여 있었구나.'

'이제 나이는 신경 쓰지 않아도 되겠구나.'

이런 생각이 들었다면 제 목적은 달성되었습니다.

이론적으로는 알지만 말이 쉽지 했던 분들, 그리고 실제로 뇌나 몸이 늙어가는 것을 느끼는 분들도 그중에는 있을 것입니다.

그런데 마음을 바꾸면 인생에 활기가 생기고, 오래 사는 것도 나쁘지 않겠다는 생각이 들 겁니다. 반대로 나이가 드는 것을 한탄해 봤자 득이 될 것은 별로 없는 것 같습니다.

사소한 일이라도 좋으니 이 책에서 이야기한 내용을 시험해 봤으면 좋겠습니다. 혹여나 잘되지 않더라도 손해 보는 건 시간 정도일 텐데, 그 시간의 여유가 노인들의 특권 아닐까요?

얼마 전 총리가 이차원 저출산 대책을 세웠습니다. 그런데 저출산 대책이 성공하더라도 노동력이나 소비가 본격적으로 늘어나는 것은 20년 후의 일입니다.

노인들이 조금이라도 더 건강해져서 노동력에 보탬(자원봉사도 좋고 부족한 부분을 채워 주기만 해도 대단한 공헌입니다)이 되거나 소비해 주는 것이 진정으로 나라를 위한 길이라고 저는 믿습니다.

그걸 위해서 지긋지긋할 정도로 책을 여러 권 쓰고, 이 방법 저 방법 모두 동원해서 노인들에게 힘을 실어주고 싶은 게 저의 바람입니다. 그리고 그중에서도 가장 중요한 것은 감정의 노화 예방, 그러니까 마음이 늙지 않는 것이라 믿고 이 책을 썼습니다.

현실적으로 마음이 젊어야 적극적으로 살 수 있고 뇌와 몸을 쓸 때 젊어질 수 있습니다. 그리고 행복을 느끼기 쉽고 건강하게 있을 수 있다는 큰 장점도 있습니다.

사실 고령자들만 그런 게 아니라 마음이 젊어야 진정한 '젊음'입니다.

20대에도 '어차피 인생에 좋을 거 하나 없는데.'라며 적극성을 잃고 늙어빠진 생각을 하는 사람이 있습니다.

40대나 50대들도 마음이 젊은 사람이 더 빛나 보입니다.

최소한 자신을 노인이나 늙은이라 치부해 봤자 득이 될 건 없다고 해야 할까요? 오랫동안 고령자를 진단하면서 관찰해 온 저의 결론입니다.

실제 나이는 던져 버리고, 자신의 솔직한 마음을 소중히 여겼으면 좋겠습니다.

모든 사람이 젊어지는 것이 저출산 대책보다 확실한 나라의 방위(물론 나라뿐 아니라 자신을 방위하는 것이기도 합니다)입니다.

와다 히데키